爱满教育

何夏寿 · 著

江西教育出版社
JIANGXI EDUCATION PUBLISHING HOUSE
·南昌·

图书在版编目（CIP）数据

爱满教育 / 何夏寿著．-- 南昌：江西教育出版社，2021.6

ISBN 978-7-5705-2392-4

Ⅰ．①爱… Ⅱ．①何… Ⅲ．①教育－随笔－中国－文集 Ⅳ．① G52-53

中国版本图书馆 CIP 数据核字（2021）第 053363 号

爱满教育
AI MAN JIAOYU
何夏寿　著

....

江西教育出版社出版

（南昌市抚河北路 291 号　邮编：330008）
各地新华书店经销
江西省和平印务有限公司印刷
开本 680 毫米 ×980 毫米　1/16　印张 16　插页 16 页　字数 217 千字
2021 年 6 月第 1 版　2021 年 6 月第 1 次印刷
ISBN　978-7-5705-2392-4
定价：45.00 元

....

赣教版图书如有印装质量问题，请向我社调换　电话：0791-86710427
投稿邮箱：JXJYCBS@163.com　　电话：0791-86705643
网址：http://www.jxeph.com

赣版权登字 -02-2021-116
版权所有　侵权必究

2012年12月,《语文教学通讯》打算将我作为某期的封面人物宣传一番。

时任首席编辑的师国俊先生审阅了我的论文《小学语文文学教学之嬗变》后,让我再加写篇"软文":"可写在你成长路上影响过你的人、事或物,既可以是一位教育家或一位名师,也可以是一本教育专著或一篇教学论文。"因为要配合这期出刊,师编辑只给了我三天时间。

我决定写母亲。

天底下任何一位母亲都是一部鸿篇巨制。要在一篇字数有限的文章里,尽显母亲在教育上对我的影响,只有剪辑生活。我试着从生活故事、教育视角和哲学情怀三个关键词入手,将我与母亲的故事作成一篇教育散文。

这期杂志出来后,颇受好评。特别是我的《母亲:我的教育家》一文,更是深受广大语文老师的喜爱。一时间,好多老师纷纷在自己的博客中加以转载,有的还写信说是我让他们重新"发现"了母亲,"激活"了他们的孝心。时任《人民教育》编委、总编办主任的刘然先生不知从哪里看到了我的这篇文章,主动和我联系,问可否转载,我当然同意。于是,在《语文教学通讯》刊出后不到一个月,《人民教育》在专栏《随笔》中,又全文刊载了《母亲:我的教育家》这篇近四千字的文章,还配上了我与母亲的生活照,使文章显得更为生动真实。

记得刘然主任在电话中对我说:"你的这篇文章写得情真意切,朴素自然,不仅写活了教育、写活了母亲,还给人一定的哲思。"除了肯定,刘主任还建议我多写这类教育散文,并客气地说:"《人民教育》期待赐稿。"

这以后,我接连写了一系列亲情故事投寄给他们,如《戏文里的父亲》《姐姐许到后门头》《儿子如镜》等。刘然主任和另一位编辑程路,除了常常在电话中肯定我、鼓励我外,还将这些文章一一刊发,从不退稿。有朋友开玩笑说我是《人民教育》该栏目稿件的"特供商"。

在编辑们、老师们的赏识和启发下,我将写作的对象慢慢扩大到除亲人以外的其他人。我写在成长路上给予我鼓励的老师,如《我的老师周一贯》《拔河》等;写对我的教育观影响至深的名家大师,如《老乡金近》《树根深深》等;还写一直和我同舟共济的同事和朋友,如《我的"外接主板"》《"俗人"不俗》等;我当然还写我的学生,如《黄鳝黄了》《天使不可以跟蛇玩》等。他们所有人,都是我生活和工作中不可或缺的"座上宾"。

此外,我还以一定的篇幅写了我的童年轶事,如《"我真的没偷"》《我真的会飞了》《约定》等。因为在今天看来,我那苦难、贫穷和不幸的童年,倒成了我丰厚而鲜活的写作源头。

2013年暑假,我的老师、小学语文界前辈周一贯先生鼓动我把这些故事做成一本书。我觉得这是个好主意。于是,我用了整整一年的业余时间,把自己死死地"锁"在电脑前,用祖先留下的文字,无声地感谢着给我温暖和感动的亲人、给我理解和支持的朋友、给我点拨和引领的恩师及给我体面和尊严的学生……

2015年，这本冠名《爱满教育》的小集子一经上海教育出版社出版，便入选了"《中国教育报》2015年度教师喜爱的100本书"，而且排位非常靠前。2020年，江西教育出版社成为这本书的出版单位。该书策划编辑刘军娣对书稿进行了全新的架构，确定了以我的成长为主线的编排体例，将这本书做成了一本自传体散文集。在斟酌再版书名时，我的眼前出现了大半个世纪之前，在寒风凛冽的白马湖畔阴冷简陋的小平屋里，头戴一顶罗宋帽，就着一盏如豆的灯火，怀着对教育的大爱，译下了光耀千秋、流芳万世的《爱的教育》的我的老乡夏丏尊先生。

不换了，就《爱满教育》。我和刘编辑几乎同时决定：不再另辟蹊径，标新立意。因为，没有比《爱满教育》更贴切、更合适、更能涵盖我和我的教育人生的标题了。没有这满满的、空气一样弥漫在我生命中的爱和教育，我就不是现在的我。我感谢书中每一个赐爱予我的人，感谢书前每一个心中有爱的读者。

最后，请允许我把所有的谢意浓缩成一句庸俗但弥久的心声，献给地上地下、书里书外的"爱人"：我爱你们！

目　录
MULU

第一章　故园 ////////////////// 001

我的"摇篮" / 002

铅笔头 / 011

姐姐许到后门头 / 017

我真的会飞了 / 026

我的哥哥叫"强盗" / 031

拨快时钟 / 044

拔　河 / 049

"我真的没偷" / 054

约　定 / 057

第二章　从教 ////////////////// 063

船到桥门总会直 / 064

戏文里的父亲 / 072

母亲：我的教育家 / 083

老师领我进了门 / 090

"我去说说看" / 101

第三章　治　家 ////////////// 108

嫁给教育 / 109

儿子如镜 / 118

老　黄 / 124

第四章　为　师 ////////////// 131

黄鳝黄了 / 132

天使不可以跟蛇玩 / 140

"萝卜"回来了 / 149

第五章　念　恩 ////////////// 158

老乡金近 / 159

树根深深 / 169

"童话"永生 / 179

我的老师周一贯 / 186

第六章　同 行 /////////////// 195

我的"外接主板" / 196

"俗人"不俗 / 207

笑 死 / 220

第七章　结 果 /////////////// 225

向"童话"致敬 / 226

局 长 / 236

语 文 乐 / 242

第一章　故园

我的"摇篮"

摇篮，总是和温暖、甜蜜连在一起，而我的摇篮却和痛苦、辛酸结为一体。当然，严格地说，我的摇篮，其实是箩筐。

朝阳刚刚露面，那红彤彤的嫩色还没有褪去。母亲佝偻着身子，挑着淡黄色的箩筐，行走在一条曲曲折折的小路上。路两旁长满齐人高的芦苇。初夏正是芦苇旺长的季节，叶子亮亮的、青青的，被朝阳一淋浴，泛着淡淡的红光，显得娇柔无比。

人的记忆力极度有限，多少当时动情的故事，就像一张鲜艳的画片，随着时光的流逝，慢慢地褪去那昔日的色彩，模糊成一张再也连不成画面的废纸。岁月蹉跎，新旧更替，但娘的箩筐，不但没有随着时光渐行渐远，反而愈来愈清楚地晃悠在我的眼前。甚至，我还能准确地记得那箩筐的色泽和质地。因为，我娘的箩筐里装的既不是稻谷，也不是棉花，而是五岁的我。那箩筐是母亲为我定制的"摇篮"。

我五岁的时候，有一天，姐姐说我右腿有病，娘要带我去看医生。病是谁？医生是谁？我可不认识他们。娘笑笑对我说，哪是什么病，那是你的腿长得好看，有个医生想看看。

其实姐姐说得没错。后来我才知道，我三岁的时候患上了小儿麻痹症，高烧了一个星期。等到烧退去，我的右腿再也不像以前那样灵活有力了。母亲发疯似的抱着我跑遍了医院，换来的都是"这病没法治"

的回绝。可是我娘总不甘心。日前娘打听到距家十多里的夏盖山乡来了几个解放军医生,能治小儿麻痹症,娘决定带我去找医生看看。怕吓着我,娘故意把事情说得跟哄我睡觉一样,温柔轻松。

其实那时的我,根本不知道什么叫病。

我觉得娘说得对。我的右腿和左腿一样,不痛不痒,最多只是和才明、秋海他们追起小狗小猫来,跑不过他们。可他们年纪比我大啊。但姐姐却说:"跑不快就是病。娘要带你去夏盖山看医生,让医生医好你的腿。以后,你比小狗小猫跑得都快。"

再想想,姐姐说得也对。我依稀感觉到我和才明、秋海他们走路不一样。他们走起路来,两条腿像比赛似的,为了抢第一,一样的快慢,一样的姿势,互不相让。而我走路时,右腿好像是姐姐,左腿好像是我,姐姐总是让我先吃先喝。这难道就是姐姐说的病吗?我的"病"长得好看,让医生看一下,我就能追上小狗小猫了。我很高兴,吵着娘立刻去找医生。娘笑着擦擦眼睛说:"傻孩子,天都黑了。明天一早,娘带你去。"

第二天一早,天才蒙蒙亮,娘就起了,笑着对我说:"娘现在就带你去夏盖山,好不好?"

我就迷迷糊糊地说好。

娘把我抱起来,放进了一个竹子做的东西里。我还从没见过那东西,坐在里面,觉得很好玩,我问娘:"这是什么啊?"

娘说,这是摇篮。

就这样,趁着清晨天气凉快,娘推开了大门,挑起我的"摇篮",前去夏盖山了。后来,我才知道,这哪里是什么摇篮,这是家里一对用来装运东西的箩筐。

夏天的太阳飞一样地跑。转眼间,太阳的红光变成了白光。好热啊,可夏盖山怎么还不到呢?我坐在箩筐里一个劲儿地问娘。娘一面喘着粗气,一面对我说:"快到了,就到了。"

"姆娘,我饿,我渴!"

娘找了个背光的地方,卸下了肩上的担子,从另一个"摇篮"里掏出一条毛巾擦了把满脸的汗水,又捧出一块大石头,再把我从箩筐里抱了出来,让我坐在石头上面。

啊,原来那个"摇篮"里坐的是石头。我问娘:"那个医生也喜欢看石头吗?"

"石头是陪你去的。"娘变戏法似的从坐石头的"摇篮"里掏出一个黄金瓜(甜瓜),用毛巾擦了擦,递给我。

我接过瓜,狼吞虎咽地吃了起来。娘用两只手使劲地给自己扇着风,我看到娘的头发和汗水牢牢地粘在一起了。我心疼娘,把吃了一半的黄金瓜递给娘:"姆娘,你吃。"

"娘不饿,你吃吧。"娘用温热的手擦了擦我的嘴,抬头望望越升越高的日头,嘴里念念有词:"六月里的日头,蛮娘(后娘)的拳头,我们赶紧走路!"

娘把我小心地抱进了"摇篮",当然,也把"陪同"的大石头装进了另一个"摇篮"。

太阳好刺眼啊!风好像犯了错被关进了房间,两旁的芦苇像中了暑,连动一下的力气都没有了。娘挑着我和大石头,一步一步地向前走。我感觉到娘的脚步没有刚才那样轻快了,好像家里的老鸭子走路,一摇一摆的。

"姆娘,夏盖山还没到啊?"我问。

"快了,你唱完《月亮婆婆侬有几个囡》就到了。"

《月亮婆婆侬有几个囡》是娘晚上睡觉前教会我的。娘说我记性好,唱得声音好听,每次家里来人,娘总是叫我唱给大家听。娘喜欢听我唱,那我就唱:"月亮婆婆侬有几个囡?我有十个囡。一个囡,欧伊(让她)去揩桌,揩了四个各(角)。"

唱完一遍了,我又问:"夏盖山还没有到啊?我们不去了吧。"

娘的气喘得有点急,但声音很响亮:"你问问石头弟弟,他说不去就不去。"

我对另一个"摇篮"里的石头说:"我们不去好不好啊?"

石头不说话。我又对娘说:"他不回答。"

"石头弟弟不说话就是想去。"娘说,"再唱一遍给石头弟弟听,我们就到了。"

我又脆脆地唱起《月亮婆婆侬有几个囡》。

娘终于把我挑到了夏盖山。夏盖山真高啊,山脚下有一块很大的空地,空地后有几间平房,像火柴盒似的围成一个框。娘放下了担子,把我从箩筐里抱了出来。我坐在箩筐里时间长了,右腿好像不是长在我的身体上似的,我连站都站不住了。娘弯下腰,帮我揉搓着右腿。好一会儿,我感觉有些气力了。

到"火柴盒"来的人真多。娘说要排队,我们便在门外等。门口有棵很大很高的树,树荫下站满了人,有大人,有小孩。小孩好像都和我差不多高。娘一到,就找别人的娘说话,说什么我不懂,但从她们的面孔上来看，都是一脸愁苦的，有的还在抹眼泪。

这时候，从附近的村庄里奔来一群女孩子。这些女孩子叽叽喳喳，像一群麻雀。她们来到了空地前玩跳绳。两个女孩子摇一根大大的绳子，其他女孩子一个接着一个地往绳里跳。她们跳绳的样子真好看，像一群小青蛙。我边上一个穿花衣服的女孩子本来坐在她娘腿上，看到人家跳绳，便离开了娘，"嗵"的一声跳进了绳子。可奇怪的是她只用一只脚跳，跳得怪怪的，逗得其他女孩子哈哈大笑。她娘一个飞步把女孩从绳子里拉了出来，像骂坏蛋一样大声地说："一个瘸子还去跳绳，让人家笑话，你要不要脸了？"女孩被娘一拉一骂，吓得大哭起来。

"还要哭！养着你这个讨债的，我不哭你还哭，再哭就打死你！"她娘依然大骂不止。那女孩倒真不哭了，但我发现那女孩的眼神怪怪的，和被绑在树上待杀的大黄狗一样，可怜，恐惧。

娘好像也害怕，赶快拉着我换到另一个角落。那里，有几个小男孩在滚圆圈。这群小哥哥玩得真带劲。他们用一根铁丝弯成钩，赶着另一个用铁丝做成的圈，像赶着一只小狗走路，我看得心痒痒的。娘真了解我，她对一个光头的小哥哥说："这个小哥哥，你借这位弟弟玩一下，行吗？"

光头哥哥将铁做的圆圈和赶路棒给了我。我认真地玩了起来。起初，那个铁圆圈还听我的赶路棒指挥，可后来，铁圆圈像吃了奶似的越滚越快，无论我怎么追都追不上。看着我追赶的样子，一纵一纵的，光头哥哥哈哈大笑。他一笑，旁边的小朋友也大笑不止，有几个还大声喊"瘸子，他是瘸子！"，边说边学着我走路的样，引来了远处跳绳子女孩的围观。

我不知道瘸子是什么意思，但隐隐约约地觉得不是好词。我向娘投去了求救的目光。娘好像早就防到了这一遭，笑着对孩子们说："对，我儿子走路好看吧？他两条腿能走出不一样的姿势。你们想学吗？想学要喊老师，想不想啊？"

孩子们笑着跑开了。

"我能做老师呢！"我自豪地在心里说。

终于轮到医生给我"看病"了。娘拉着我走进了一间白色的小屋子，屋子里坐着一个白色的人——白色的衣服，白色的帽子，白色的口罩。我明白了，这个人喜欢白色。我的腿也很白，怪不得这个人喜欢看我的腿。母亲把我抱起来坐在白色的人面前，我这时才发现，白色的人胸前别着一枚鲜红的像章。像章上画着的人我认识，爹爹告诉过我这个人是毛主席。

"医生好！"娘在对白色的人说话。

"你好。"白色的人是女的，说话声音软软的，很好听。

哦，原来白色的人就叫医生。那我就是给她来看右腿的。我赶快将右腿的裤子拉了起来，高兴地说："医生你看。"

白色的人笑起来真像我姐姐，有酒窝，好看。她摸着我的腿，像看西洋镜一样，左看右看，还用一根带子和我的腿比高矮。她太喜欢看腿了，看完了右腿还对我说："小朋友，左腿能看一下吗？"

"嗯。"我爽快地拉起了左腿的裤子。

白色的人还是用带子和我的腿比高矮。

比完了，白色的人在白纸上写字，边写边对娘说："你这孩子真听话。刚才几个小孩子见到我就哭，死活不让我看他们的腿。"

| 爱满教育 |

娘和白色的人说话,说一些我听不懂的话。不过我感觉到娘不是太高兴,老用手去抹眼睛。腿都看过了,我们应该回去了吧?我问白色的人:"我现在可以追得上小狗吗?"

白色的人好像听不懂我的话,傻傻地望着我娘。

娘和白色的人又说了一些我听不懂的话。白色的人边听边点头。过了一会儿,她起身走进里面一个房间,没多少时间,又从里面走出来,我看到她手里拿着一个小圆管,小圆管上头插着一根"缝衣针"。

这么大人了还玩这东西。我想笑。

白色的人坐到我面前,用两只好看的眼睛看着我,笑着说:"小朋友,打一针就可以回家去追小狗了,好不好?"

我不懂什么叫针,只要能回家和才明他们追上小狗,我什么都说"好"。

于是,娘拉了我的裤子,白色的人在我的屁股上用"缝衣针"扎了下去。啊,真痛啊,比被一百只蚊子咬还痛。我又是蹬腿又是扭。"好了好了。"是白衣人的声音。

一会儿,我感觉那根针拔掉了,屁股也不那么痛了。娘用手揉着我的屁股,轻轻地说:"还痛,再哭一会儿。"

我趴在娘的背上还是哭,边哭边说:"我——我——要回家。"

娘轻轻地拍着我,跟白色的人说着我听不懂的话。过了一会儿,娘对我说:"阿姨说,她很喜欢你,你给阿姨唱首歌吧!"

这个白色的人用"缝衣针"扎我,我不喜欢,我也不唱歌。

我吵着娘要回家,那个白色的人笑着摸着我的脸,说:"小朋友,下次再见!"

夏天的太阳飞一样地跑。转眼间,太阳的红光变成了白光。好热啊,可夏盖山怎么还不到呢?我坐在箩筐里一个劲儿地问娘。娘一面喘着粗气,一面对我说:"快到了,就到了。"

——《我的"摇篮"》

下次我才不来见你呢。我心里想。

可是,娘像被人家施了魔法似的,隔了几天,又用箩筐挑着我来见她。才进门,我想起了那根可怕的缝衣针,吓得我赶快喊她阿姨,还给她唱《月亮婆婆侬有几个囡》,唱《大海航行靠舵手》。可是不行,她还是用针扎我。我恨她,也恨娘。回去的路上,我问娘为什么要让人用针扎我。娘说为了你能追着小狗啊!我说我不追小狗了。

第三次,当娘再把我抱进"摇篮"时,我吓得瑟瑟发抖,央求着娘不要再挑我去白色的人那里。我看到,娘的眼睛里满是泪水。我赶快说娘不哭,还用手去擦娘的泪水。娘一把抱住我,也像害怕打针似的,大哭起来,声音哭得比我还响。我知道我得罪了娘,心里很害怕,安慰娘:"姆娘,我不哭,你也别哭。"

娘停止了大哭,擦了把眼泪,紧紧地抱了我很久,但最后还是把我放进了"摇篮"。我绝望地闭上了眼睛,眼泪像小河一样默默地流。

娘挑着我和那块"陪同"的石头,跟跟跄跄地行走在旁边长满芦苇的小道上。风吹来,芦苇无力地折弯了腰,那沙沙的响声,是它抽抽噎噎的哭声。

从这以后的一年多时间里,每隔两天,母亲总是挑着我奔走在家和夏盖山之间的这条芦苇路上。慢慢地,我知道我患了小儿麻痹后遗症,腿瘸了,走路不好看,而且走不快。当然,我更明白不是娘狠心,而是娘爱我至深。为了治好我的病,已经五十多岁的娘挑着我,每回都要走往返二十多公里的小路,其中有一段还是高低不平的山路,一年四季,从不放弃。遇到爹在家的日子,爹挑着我,娘在后头跟着我。为给我治病,娘不知走破了多少双鞋子,换了多少条扁担。然而治疗小儿麻痹后遗症是个国际性难题，我在那个解放军阿姨那里，打了一年多的针，打得我娇嫩的屁股，变成了僵死的"石板"。每天晚上，当娘用手揉着我的屁股，用热水敷疗我的"石板"时，她常常泪如雨下。

人常说：事在人为，人定胜天。我怀疑此言的可靠性，有时候甚至觉得它如电线杆上的广告一样，有误导欺骗之嫌。这种浪漫和斗志用来"装点面门"可以，但"画饼充饥"真不可以。我以为，矫正错误远远比发挥特长来得复杂、不易，尤其是去"订正"上天在你身上完成的所谓的"错误作业"。尽管我娘抱定了"拼死治病"的决心，但一年多的"摇篮"生活，非但没有摇回娘的希望、我的幸运，还摇干了娘的泪水、我的欢乐。我原本就弱的体质严重变差，动不动就闹肚子疼。在那个早就失去"斗志"的医生阿姨的多次劝说下，我娘终于接受了无法改变的现实，不再挑着我去治病了。我高兴得直笑，可娘听着流泪。

几十年了，我眼前常常浮现出那对淡黄色的"摇篮"。它们虽然浸透了我童年的泪水，留给我无尽的痛苦和恐惧，但也浸透了母爱，充盈着父爱，是我永生不忘的爱巢、刻骨铭心的暖房。

铅笔头

我小的时候，家里很穷。我们兄弟姐妹六人，要想都念书，显然不可能。父母商量后开诚布公：女娃将来是别人家的，先不进学堂；男孩是自家的根，拼拼借借也得读两年。现在看父母的这个决定，其实对姐姐们来说是不公平的，但在当时却是无奈之举。

由于"政策"支持，我六岁就进村里的学堂念书。虽说进了学堂，但上的是苦学：书包是母亲的破内衣改的，作业本是父亲用十几张香烟盒的内芯装订的。可写字的铅笔怎么解决？一支铅笔要三分钱，我们兄弟仨都在上学，这也是一笔不小的开支。为省钱，父亲试着做过几回铅笔，比如将木炭削尖了装进一根小竹管里，但写出来的字大得近乎奢侈，一张香烟纸写不了几个字，而且木炭很爱断，制炭也花精力，简直就是"偷鸡不着蚀把米"。折腾几番后，父亲终于放弃了，但父亲规定，一个学期只给我两支铅笔，让我控制着写，能少写的尽量少写，能不写的尽量不写。"读书要读进脑子里，又不是读到纸头上。"父亲经常这样说。

哥哥他们的作业多，常常向父亲要钱买铅笔。父亲一边锄着地，一边扯着嗓门责怪道："败家子！这个月已经买俩了，还要！你们以为我是在地里掏金子吗？"骂完后，气呼呼地将一角钱丢给两位哥哥。

父亲从小疼我。晚上，在煤油灯下，他翻着我的"作业本"，对两位哥哥说:"夏寿最小最懂事,疼爹,你们看看,他写的字多小,这样就省铅笔了。"

其实,我写字很小纯属无意,不是父亲说的那样为了省铅笔,更不是疼爹。为此,我还挨了老师的批,说我的字小得像蚂蚁,下次再这样,要重写了。

上了二年级,我的作业增多了,一学期两支铅笔,实在不够用了。尽管我也想努力遵守父亲的"制度",成为父亲眼里的标兵,但现实毕竟摆在眼前——老师已经叫我这个不完成作业的捣蛋鬼,面壁罚站了。

权衡再三,我终于向父亲提出能否给我增加一支铅笔。父亲满口答应,还实话实说:"升一个年级,本来就要加一支铅笔的。"

父亲真英明,他也懂得"与时俱进"!

可是,增加了一支铅笔,我发现还是不够用。离大考还有一个月的样子,我的最后一支铅笔短得就像一颗螺丝钉了。我拿出父亲早为我们兄弟仨"配制"的铅笔套——一根小竹管,接长了,凑合着写。

有一天吃晚饭,我怀着忐忑不安的心,吞吞吐吐地向父亲提出再买一支铅笔的要求。我的话一说完,两个哥哥抿着嘴在偷笑,而父亲的脸绷得像块青石板。他把饭碗往桌角一推,起身走出了家。

我知道我惹父亲生气了。那天,我早早上了床,不知不觉地睡着了。睡梦中,我被父亲叫醒了。

"这是你写的?"父亲的声音有点吓人,把我完全惊醒了。我看到,父亲正指着我"作业本"里的长方形。

近段时间,我们正在学计算图形面积,我望了一眼我画的长方形,点点头:"是的。"

"啪"的一声,父亲把作业本狠狠地砸到我的脸上,劈头盖脸地骂道:"你也是个败家子!好好的字不写,画鸡画狗地乱画,这样,给你一摞铅笔也不够你用。"

我委屈地哭出声来。父亲更来气了,举手要来打我,幸好娘在身边,把他拉走了。

后来,是哥哥们向父亲做了解释,父亲才叫娘给我买了一支铅笔。

读三年级了,老师常常夸我的字写得跟书里印的一样,工整美观,叫我抄到另一张纸上,贴在教室后面的墙上,给班里的同学"做做样子"。我很高兴,写得很卖力。

再后来,老师说我的作文写得很棒,让我抄下来,贴到校门口去展览,我当然更高兴,一笔一画地把作文抄了一遍。

可这样一来,不到半个学期,我就用完了父亲定的"三年级三支铅笔"的指标。还有长长的半个学期,我只能干坐着。这下,真的只能像父亲说的那样,"书要读到脑子里"了。

有一晚上,我从邻居家串门回来,发现父亲正在翻看我的书包。见我进来,父亲没好气地问:"你的铅笔呢?"

我紧张极了,我的铅笔一个星期前就用完了,但我不能对父亲说实话,要不准会被他骂"你画鸡画狗地乱画"。可是,父亲的眼光像两把利剑一样,悬在我的眼前。情急之下,我撒谎道:"借给才明了。"

才明是我的同学,是父亲一直认可的"穷得有骨气"的好孩子。才明的父亲常年生病,家里穷得叮当响。

"你做得对。"父亲的口气暖了,眼中的利剑变成了两湾春水,"亲帮亲,邻帮邻,皇帝也结草鞋亲。"

| 爱满教育 |

这两句话，我自小就听得会背了，这是父亲的为人之道。幸亏我了解父亲脾气，才用计"救"了自己。

可是，整天坐在教室里，全靠"脑子读书"总不是办法，老师好几次批评我不做作业，说我骄傲自满。

这天放晚学回家，我悄悄地向二哥借铅笔。谁想我们的谈话被外屋的父亲听见了。父亲走了进来，将我的书包翻了个底朝天，厉声地问："你的铅笔呢？"

"借——借给——秋海了。"我支吾着。

父亲盯了我一眼，没有说什么。

我暗自庆幸，亏得自己反应快。

可是，谎言终究是要被揭穿的。第二天放学，我还没有走到家，才明和秋海就在半路上拦住我，告诉我父亲去找他们了。我像泄了气的皮球，瘫了。

家总是要回的，我仿佛是个小偷，贴着墙溜进了屋。还好，父亲不在。我知道，今夜遭父亲痛骂是注定了的。我担心得不敢吃晚饭了，干脆就倒在床上装病。说不定这样，还能博取我娘的怜悯，逃过父亲的责骂。

也不知过了多久，我听到父亲进屋了，问娘我去哪里了。娘说："他闹肚子疼，刚给吃了点药，困熟了。"

是父亲进内屋的脚步声，我赶快闭上了眼睛。

父亲坐到我的床沿头，用手摸着我的额头，低声对娘说："我去了学堂，人家老师夸夏寿字写得好，文章做得好，将来会出山的。他的铅笔都是老师要他给别人做样子写完的。"父亲叹了口气，自责地说，

"只怪我们太穷,多给他几支铅笔,他就能写更多的文章了。以前,秀才都是靠写文章写出来的!"最后这句话,是父亲在向娘强调写好文章的意义。

我用了吃奶的劲,憋住了总想夺眶而出的泪水。

第二天醒来,不见父亲。娘告诉我,爹去杭州卖"吐铁"(家乡方言,学名泥螺)去了。我说大夏天,"吐铁"不是不让卖吗?吃了要生"二号病"的。娘没有说什么,只是叹着气,摇了摇头。

两天之后,父亲回来了。果不其然,他的"吐铁"被查处了。我们全家都很沮丧,但父亲并没有和我们一起唉声叹气。他像变魔术似的,从小桶担里取出一包用旧报纸包着的东西,郑重地将它放在饭桌上,用我们从未听到过的、充满激情的口气说:"你们猜这是什么?"

我们都摇着头。

父亲打开了旧报纸。啊!是一大包长长短短的铅笔头,应该有几百个吧,长的像火柴,短的像八脚虫;红的、绿的、黄的、蓝的,五彩缤纷,像是一堆彩虹。

"我的吐铁只卖了一天,就被查处了。戴红袖章的还把我叫进了派出所。"父亲一点也不难过,甚至有点自得地说,"他们问我这么热的天不好卖泥螺知不知道,我说知道,但我几个儿子没钱买铅笔,才来'犯法'的。'红袖章'们很同情我。我接着说:'你们有没有写剩的铅笔头?给我几个,好让我回家有个交代。'这一说,有个'红袖章'说,他们没有,但城西边的垃圾场里,有很多从学校里收来的废品,那里兴许有铅笔头。"

"我一听,一拍大腿,对了,垃圾场里肯定有'宝'。"父亲说得两眼发亮,"我马上跑到城西,果真,在那里,我找到了好多好多铅笔头。写吧,放开写吧,天凉后,我肯定要去城里做生意,再去捡。还有,你们有那么多铅笔头了,都去送伙伴们一些。"

我们兄弟三个高兴得跳了起来。

自此以后,父亲每次从城里做生意回家,总会给我们带来一大把一大把长短不一的"彩虹",我们也不再为如何省着使用铅笔而挖空心思、绞尽脑汁了。

今天,只要一看到铅笔,我就会想起父亲那堆花花绿绿的铅笔头,还有他那张乐呵呵的笑脸。

姐姐许到后门头

一

"雕雕（音，意为挖出来）马兰头，姐姐许（嫁）到后门头。"这是在我们家乡广为流传的童谣，也是我平生最先学会的歌谣。我至今仍不明白"雕雕马兰头"与"姐姐许到后门头"有何关联，但我一直坚信：天下的"姐姐"一定都疼爱弟弟（妹妹）。要不弟弟（妹妹）不会用"姐姐许到后门头"的吟唱，执意把姐姐"拴"在自己的家门口。

我有两个哥哥，三个姐姐。在二十世纪四五十年代，父母靠牛马般地整天劳作、节衣缩食，才让我们幸免于冻死饿死。至于我们兄弟姐妹的日常起居、生活琐事，都由我们兄弟姐妹按照就近原则，心照不宣地"自助"了。大姐"结对"大哥，二姐"拉手"二哥，小姐姐（事实上我一直喊她为姐姐）"承包"了我。

姐姐大我十二岁。听母亲说，我学会的第一个呼叫亲人的词不是"姆妈"，而是"姐姐"。这不能怪我不孝，只能说我自小重情——姐姐与我日夜厮守，于情于理，第一支"赞歌"当然要献给我的姐姐。更何况，我姐姐长着鹅蛋脸，大眼睛，高鼻梁，梳着长长的辫子，美若"小芳"。鸟爱羽毛人爱美嘛，潜意识的事谁也管不了。当然，大人们说的这些我是不记得的,定格在我心里有关姐姐的最初的画面,是我六岁那年,姐姐用她那根乌黑发亮的长辫子,教我写"3"这个数字。

我是六岁上的学。我清楚地记得,那一天,姐姐缠着来村里招学生的老师,一遍一遍地说:"我弟弟虽然腿脚不大方便,但很聪明,会唱好多好多歌。"老师当场"考"了我。我把姐姐教我的歌唱开了:从《我爱北京天安门》到《大海航行靠舵手》,还加唱了京剧"李铁梅"的《都有一颗红亮的心》。自小我唱歌很准,声音又响又脆,老师听了很喜欢,破例收下了我。于是,姐姐高兴得逢人便说:"我弟弟六岁就被老师招去读书了!"

可是姐姐哪里会想到,智商平平的我,除了会鹦鹉学舌地唱几首歌外,一进学校,马上成为不折不扣的学困生。识字不快,至于算术,我连三加四和四减三也不会。老师开始讨厌我,我也常常为做不出算术题哭鼻子。有一次,姐姐来接我,老师对姐姐说,叫你弟弟明年再来读书。

我很高兴。可是姐姐不同意,央求老师让我再试试。

为了"让我好起来",从没上过学的姐姐,白天到生产队干活,晚上做起我的"家教"。姐姐拿来几根她编扇子的麦秆,用粉染成红的绿的,很漂亮。她将红的麦秆摆3根一堆,绿的4根一堆,叫我一根一根地数红的多少,绿的多少,合起来又是多少。在姐姐的反复训练下,我终于知道一根麦秆表示一个"1",这样我就不会一听加法,只会1,2,3,4,5,6,7地一个劲儿地数下去。会算数了,但我不会写数,特别是"3"字,弯来弯去的,像根肠子,我怎么也写不好它。有一天,姐姐吃完晚饭,别出心裁地用她的长辫子弯出了一个"3",说:"弟弟快看,姐姐的辫子像什么?"

"像3!"我说。

"你用手指绕着姐姐的辫子来转转。"姐姐高兴地蹲下身子,把她的"辫子3"摆在我够得着的位置。原来"3"就在姐姐的辫子上,我觉得真好玩。我伸出手指,顺着她弯好的"3"玩"走迷宫",我玩了一遍又一遍。忽然,姐姐"啪"的一声倒在地上,来了个嘴啃泥。原来姐姐白天在队里割了一天的麦子,本来就累了,而为了我学写这个"3",又长时间地蹲着身子,供血不良,一时头晕便栽倒了。幸好那时我们家没有条件用上"水门汀"(水泥),要不姐姐的牙准被碰落。

我吓得大喊"姐姐"。姐姐从地上爬了起来,冲着我一笑,擦去满嘴的泥巴:"没事的,你再写。"姐姐的长辫又变成了黑亮亮的"3"字。就这样,我终于在姐姐的长辫上,利索地学会了"3"的书写。老师说我写的"3"和书上印出来的一样。从此以后,我写字一直都是班上第一。直到高中毕业,我一直担任班级黑板报抄写员。姐姐的辫子,是我弥足珍贵的教具;"辫子写数法",是我姐姐献给教育的伟大创举。

我把老师的表扬说给姐姐听。姐姐很自豪地说:"我是对你们老师说,我弟弟很聪明的。"姐姐把一脸的自信,深深地种到了我的心里。

二

晚上,姐姐给我洗净了脸,哄我睡觉。我看着漂亮的姐姐,念起了刚刚学会的童谣:"雕雕马兰头,姐姐许到后门头"。

姐姐笑了:"为什么姐姐要许到后门头?"

我说:"不知道。"

"弟弟，姐姐要许到别地方，你说好不好？"

我说："不好。"

姐姐问："为什么不好？"

我说："姐姐许到远的地方，就没人带我去雀嘴（附近公社所在地）看电影了。"

姐姐说："是的是的，我是说过的。"

我说："对的，等我长到七岁，你就带我去看'李铁梅'。"

那时，我听姐姐说有一个很好看的电影，叫《红灯记》，有个李铁梅和我一样会唱歌。姐姐还教过我其中几句，我至今记得我会唱的第一个京剧段子"我家的表叔数不清"，是姐姐一字一句教我唱的。虽然姐姐记性极好，但她不识字，常将家乡方言和京剧唱词搞混，比如"我家的表叔'数'不清"，姐姐就教成了"我家的表叔'说'不清"。当然，这是后来我才知道的事。当时，我只觉得姐姐唱得很好听，更想去看那个会唱歌的"李铁梅"。姐姐总说，等你长到七岁，就带你去。我问为什么要到七岁。姐姐说七岁就是七岁，不要问为什么。

"你不带我，我自己去。"六岁的我，产生了强烈的逆反心，而且像拌了酵母的面团一样，越发越大，推动着我"废"了姐姐的规矩特立独行。

这一天放晚学，我没有回家，而是一个人去"闯天下"——去雀嘴看电影。这是我生平第一次一个人"出远门"。我不知雀嘴离家有多远，也不知道雀嘴到底在什么地方，只根据姐姐平常对我说的"走过了一座五眼桥，又过了一座分金桥"走。可是那个令我日思夜想的露天电影场，到底藏在哪里呢？夏天即将落山的太阳依然很大，我感觉自己被晒得快焦了,口干得要死,越走越跨不开脚步。一个趔趄,我重重地摔了一跤——一阵钻心的疼痛。我卷起裤腿,发现右膝鲜血直流。我又痛又怕,大哭起来。

有个过路的老大妈,见我跌得厉害,用自己的一块手帕按住了我的伤口。她问我家在哪里,可我说不清楚,只会一个劲儿地哭。

天开始暗了下来。我的身边围满了人,他们急切地问我住哪里,父母叫什么。而我,除了知道姐姐的小名叫"爱爱"以外,其他什么也说不出来。路人急得直摇头,我一个劲儿地哭。

"弟弟——"一个熟悉而尖厉的声音响起。

是姐姐!我放下了揉着泪眼的双手。是姐姐!姐姐红肿着眼,披散着头发,猛扑过来,紧紧地抱住了我,生怕我腾空高飞。

"姐姐——"我比刚才哭得更凶了。

后来我才知道,姐姐从地里干活回来,发现我不在,急得到处去找,学校里,我的伙伴那里,老师那里,都问遍了。父亲母亲和哥哥姐姐们沿着河边又是叫,又是喊。姐姐更是急疯了,哭喊着我的小名,不知摔了多少跤。后来,姐姐忽然想起了什么,一个劲儿地往雀嘴方向跑。

那天回到家,姐姐一边包扎着我的伤口,一边流着眼泪。过了好久,姐姐抱起我,把我举过了头顶,还叫我坐在她的脖子上。好一会儿,姐姐像下了决心似的,对我说:"明天,我带你去看电影!"

"真的?"我高兴得什么都忘了。

姐姐只是更紧地抱住了我。自此以后,只要雀嘴放露天电影,只要姐姐自己去看电影,姐姐的肩膀便是我舒适而温暖的"专座"。

稍大以后,我才知道,姐姐坚持要我长到七岁才带我去看电影,是因为我右腿有点毛病，姐姐担心我走不了从家到电影场的三里多路，还怕我在人流如水的电影场被人挤倒。

事实果然如此，每次去雀嘴看电影，我只能走一小段路，再走下去腿就发软，会摔跟头。每当这时，属马的姐姐，就会像马一样忠实，无怨无悔地背着我往前走。

我七岁那年，邻村有个小伙儿，记忆中他长得高大挺立，常来找我姐姐。母亲叫我喊他哥哥。好一段时间，姐姐带着我和那位哥哥一起去看电影。有时候，那位哥哥还背我回家。

有一次，我们在看京剧《沙家浜》，刚看到阿庆嫂在春来茶馆给客人倒茶，我好像受了启发，口渴得要命。那位哥哥主动带我到电影场东北角的小摊边，给我买了一支冰棍、一包瓜子，叫我不要走开，坐在地上吃，过会儿他和姐姐来找我。有瓜子还有棒冰，我当然很高兴。

那位哥哥安顿好我后，马上挤进了电影场。

我刚吃完棒冰，正准备打开纸包嗑瓜子，姐姐青着脸，气喘吁吁地跑了过来，后面跟着那位哥哥。

姐姐拉起我的手，一脸不高兴地说："弟弟，我们回家！"

那哥哥显得很不自然，赔着笑说："你弟弟要在这里吃东西。"

姐姐不说话，背上我就走。那哥哥想来背我，姐姐闪过身，大吼道："不要碰！"

"为什么？"

"这是我的弟弟！"姐姐的声音像极了李铁梅骂鸠山时的声音。

我不知他们到底发生了什么，但是我隐隐约约地觉得与我有关。

那个哥哥终于没有成为我的"哥哥"。后来听母亲说，姐姐其实是有点喜欢那位哥哥的。因为姐姐每次和他去看电影,总是背着我,抱着我,那哥哥觉得什么话也不好说。那天,他想趁我喊口渴,以让我吃棒冰为名打发我一阵子,好单独和姐姐说说话。谁知姐姐知道后,骂他不是人,说"要是我弟弟丢了怎么办",气得与他断了交。

我把母亲的话告诉了姐姐,还天真地问姐姐:"是这样吗?"

姐姐怎么回答我的,我记不清了,只依稀记得姐姐抹了下眼睛,说:"弟弟,给姐姐唱《马兰头》吧!"

我脱口而"唱":"雕雕马兰头,姐姐许到后门头……"

"嗯,后门头。"姐姐的声音很轻,好像是在对我说,又像是在对自己说。后来,二十八岁的姐姐找了一个比她小三岁的哥哥。而且那哥哥论长相、论见识,都和姐姐相差甚远,姐姐完完全全是"屈嫁"于他的。但姐夫家离我家不过十米,姐姐千真万确地嫁到了"后门头"。所幸我姐夫心地善良,对姐姐关心体贴,才令我负罪感不是太强。当然,这是后话。

三

就这样,姐姐依然一个人背着我,去雀嘴看电影。受姐姐的影响,我不喜欢看一般男孩子喜欢的战斗片,如《南征北战》《地道战》等,而是喜欢看《红灯记》《智取威虎山》之类的样板戏。随着年岁渐长,年级升高,加上我又喜欢看戏,喜欢记戏里的唱词,我的识字量大增,我几乎将几个样板戏的唱词全记住了。那时候,没有收音机,更没有录音机,要唱戏听戏,只能根据电影里看到的、听到的,自娱自乐。姐姐和朋友们唱戏的时候，总会叫上我。她们忘了词，我不但能非常正确地告诉他们唱词，而且还能模仿着电影中的唱腔唱给她们听。每当这时，姐姐总是规规矩矩地坐着，歪着头看我"表演"，神情之专注，远远胜过现在庙里拜佛的善男信女。

看了电影记了戏，戏里的唱词大大提升了我的作文水准。每次我的作文都被老师批上100分，我成了同学、老师公认的作文大王。班上考试，我的语文年年得第一。读到四年级，老师说："你的成绩好，都可以直接念初中去了。"那一年，我才十岁。那天回家，姐姐高兴地抱着我、亲着我，为她孱弱的弟弟终于成为令人刮目的"风景"而激动，而自豪。

为锻炼我，姐姐还常常要我代邻居写信。那时候，农村里没有电话，更没有手机，联系远方的亲友只能通过写信。而村里大多数人不识字，姐姐逢人便说："写信找我弟弟好了。"那时如果给她一个喇叭，姐姐会向全世界广播："我弟弟会写信了！"

在姐姐的"招揽"下，来我家找我写信的人还真不少。什么人都有，老人，妇女，青年，做生意的，退休工人。我也写过各种各样的信，有问候的，有思念的，有痛骂的，甚至还有表达爱慕的。让人写信，人家总免不了给我一点"小意思"，送支钢笔，送个杯子什么的，每每遇此，姐姐总是当场退还人家。姐姐反复对我说："弟弟，能帮人就要帮，千万不要收人家东西。再说，他们找你写信，是在锻炼你。"

有一次，义王道地的退休工人东美伯找我写信，是一封很私密的信。我根据他的意思，写好了信，一字一句地读了一遍。东美伯很高兴，夸我写的比他想的更好。临走时，东美伯送了我一块钱。

每次去雀嘴看电影,我只能走一小段路,再走下去腿就发软,会摔跟头。每当这时,属马的姐姐,就会像马一样忠实,无怨无悔地背着我往前走。

——《姐姐许到后门头》

我很高兴。一分钱可以买一大截甘蔗，这一块钱可以买多少甘蔗啊。忽然，我想起姐姐说的话，我开始紧张了。为了瞒过姐姐，我把一元钱藏在我的内衣里。可是，晚上睡觉时，姐姐帮我整理衣服，还是发现了。在姐姐严厉的追问下，我说了实话。

"你这么眼浅！"姐姐气得打了我一个嘴巴。这是我记忆中姐姐第一次打我，也是唯一一次打我。

姐姐重新给我穿好了衣服，拉着我，把钱还给了东美伯。回来的路上，姐姐说："一块钱是用得光的，一个人情，是一辈子的。"

"人情一辈子"，姐姐的话像一粒种子，深深地根植在我的心田里。四十多年过去了，岁月的坎坷，世道的凶险，人情的冷暖，让我越来越体悟到"人情一辈子"。我由衷地感谢我的姐姐。在纷繁的物欲狂潮中，在错杂的人情迷宫里，我倚着姐姐的"人情"之树，春日观花，夏日听蝉，萧吹秋月，酒饮冬雪，过得坦坦荡荡，有情有义。

我真的会飞了

我小时候常常发现自己会飞,真的。

我家隔壁有个邻居,我们都叫她老外婆。老外婆家中的"小呆大"(智力障碍者)长我十岁。听说他的家本来在一个叫白水洋的地方。因为"小呆大"十岁了还不会算一加一等于几,他爸爸不要他了,而他妈妈要下地去挣工分,只能把他放到外婆家。记忆中他是不上学的,恰好我还不到读书的年纪,于是,我们成了要好的玩伴。

他有一只旧洋铁面盆。他找来一个小木棍,每天早上,就在我的屋外头,敲打着他的"锣鼓",大声喊道:"夏无(我的小名),起床了——开大会了——"

于是,我便懒懒地揉揉惺忪的眼睛,"小呆大"赶快将我的衣裤递到我的手上,"伺候"我起身,做得那样心甘情愿——谁让他这么早叫我,还给我安排好了这么早的"大会"?

说是"大会",其实根本没有什么内容。确切地讲,会议的形式就是会议的内容——我们俩轮换着敲打"小呆大"的"锣鼓",敲一下喊一声"开大会喽——",看谁敲打的声音响,比谁喊的嗓门大。天天如此,我玩腻了。我忽然想起跟父亲去生产队里开大会时喊口号的事,就学着开会的样子,敲一下锣鼓,喊一句口号,再敲一下,再喊一句口号。我喊得脆脆的、亮亮的,仿佛就是生产大队的小喇叭。可"小呆大"

不会喊，我教他半天，他也说不好。因为自己不会说，所以他特别羡慕人家喊。只要我一张口，"小呆大"就一个劲儿地为我鼓掌。他笑起来，胖乎乎的脸就像一朵盛开的菊花。他一鼓掌，我的成就感更大了，喊得也更起劲，一字一句，句句着实，一点也不潦草。现在想来，我的诵读水平是那时候开始练习的，我感谢"小呆大"把我扶上了语文教坛。

从现在看来，这样的游戏乏味得根本不值一提，却成了我快乐童年的美好记忆。当然，我们的"付出"是有"成果"的，说不上"一唱雄鸡天下白"，至少也换来了"唤醒百花齐开放"——才明、秋海、火华等一听到"欢庆的锣鼓声"，便争先恐后地从自己家里蹿了出来。当然，他们并不稀罕我们的大会，更不是来听我们的呼喊的，而是来抢夺我们的"锣鼓"的。

每每遇此，"小呆大"总是慌了手脚，赶快把他的"锣鼓"塞给我，并且当众"授权"："夏无给谁就给谁！"

给谁呢？我当然想给才明，他有两本图画书，我正想借过来看。可秋海要是来抢怎么办？他力气可大着呢。火华发起火来要咬人的……我正在考虑，秋海和火华扑上来就抢。我本能地保护着"锣鼓"。很快，我被他们按倒在地上。这时候，"小呆大"发疯似的冲了过来，像老鹰抓小鸡似的将秋海、火华从我身上拎开，丢在一旁。火华再次将我扑倒在地，还狠狠地咬住了我拿"锣鼓"的手臂。我用求救的眼神望着"小呆大"，痛得哇哇直叫。我发现"小呆大"那两只生在脸角的小眼睛，射出箭一样的冷光，整张脸红得就像一个燃烧的煤饼球。他一把逮住火华后脑袋上的"小尾巴"，把火华当陀螺似的旋转，痛得火华哇哇大叫，好半天，才放了火华。

他们被我们打跑了。

我们继续敲我们的"锣鼓",开我们的会。

这时候,火华领着他那怒气冲冲的妈妈来了。火华妈妈凶得像只老虎,一把夺下我手里的"锣鼓",大喊一句"敲侬(你)的出丧锣"。还没等我反应过来,她就将"锣鼓"狠狠地扔进边上的露天烘缸里。她还没有解恨,顺着火华的手指,一把抓住"小呆大"胸前的衣服,"啪啪"就是两个耳光。扔完打完后,火华妈妈用比高音喇叭还响亮的声音,对火华说:"以后别跟这两个人玩,一个呆子,一个瘸子!"

火华妈妈的高分贝"广播",我姐姐在百米外就听到了。姐姐一个十七岁的姑娘,正是血气方刚的时候。她赶了过来,一看这场景,气愤地说:"哪有你这样的娘,大人打小人(小孩子)。我弟弟腿瘸又怎样?他聪明得很,比你儿子强!"

火华妈妈可不是软柿子,哪里容得下我姐姐的抢白。她们俩先是对骂,后来扭打在一起。等到我母亲、火华爸爸,还有"小呆大"的老外婆赶来,强行将她们拆开的时候,她们俩都青面獠牙,披头散发,凶得吓人。我姐姐嘴角流着血,两只眼睛瞪得像就要射出来两颗子弹。我吓得全身发抖,连小便都尿在了裤子里。

回到家,母亲一边给我换尿湿了的裤子,一边数落着:"你看,都是你闯的祸,你姐姐的头发都被她扯下了一大把,头上还流着血呢!"

我问母亲:"谁是呆子?谁是瘸子?"

我清楚地记得母亲当时用异样的眼光看着我,现在想起来,可能母亲当时想:到底是小孩,连自己的腿瘸不瘸都不知道。那时母亲怎么回答我的我想不起来了。我依稀记得母亲对我说:"'小呆大'是脑子生过什么病,脑子不灵清,记不牢事,所以书也读不进了;你腿生过病,瘸了,但脑子是聪明的,以后要靠读书了。"

我问:"腿瘸,有什么不好呢?"

这时候,洗净了脸的姐姐,一把跑起我,大声说:"没什么不好,腿瘸的人以后会飞!"

那一天晚上,我想着"小呆大"的"锣鼓",想着火华妈妈的怒骂,想着姐姐嘴角的血,想着母亲异样的眼神,想起了每次跟才明他们追小狗时我总是跑在最后,想起了"小呆大"对我说过的"你走路好看"……我隐隐约约地意识到我走路和别人走路是不同的,别人两条腿变换的速度是一样的,我的右腿则像跟左腿玩捉迷藏似的,总是落在后面慢吞吞地跟不上来。我是火华妈妈骂的"瘸子"吗?不是的,姐姐不是说我会飞的吗?我迷迷糊糊地睡着了,我梦见自己跑着跑着,和"小呆大"一起飞了起来。火华、才明和秋海都为我们拍着手。我高兴地大喊起来:"'小呆大',快敲'锣鼓',开大会喽!"

我"嗵"的一声从床上蹿了起来,睡在同一张床上的母亲、姐姐都被我吵醒了。母亲划了根火柴,点亮了油灯。

"喊什么,半夜三更的。"

"姆妈,姐姐,我会飞了,真的,我飞给你看!"我从床上"飞"了下来,"啪"的一声,重重地摔在踏脚板上,疼得大声哭。

姐姐吓坏了,赶快抱起我,问我哪里痛。我一会儿说是头,一会儿说是手,一会儿又说全身都痛。母亲埋怨姐姐说什么会飞,姐姐说是随便说说的。我说姐姐说得对,我是会飞的,刚才还飞得好好的。

我把梦里的故事说了一遍。听得母亲眼里满是泪水。我问母亲:"我会飞不好吗？"母亲一面擦着泪水，一面说："好的好的。"

"好的好的"，为什么还要哭呢？我不懂。我不止一次地问姐姐，我到底是不是火华妈妈说的"瘸子"？

我六岁的时候，母亲告诉我，我的右腿和别的小朋友不一样，走不快，更跑不了，腿瘸了。"但你还是好的，只坏了一条腿，而且也不算太严重。东村有一孩子，两条腿都伤着了，只能靠双拐走路了。"母亲后面的话，说的虽也是实情，但我相信主要功能是宽慰我。不过，对年仅六岁的我来说，这种宽慰不但显得太早，甚至多余。因为那时，我完全感觉不出腿瘸对于我有什么不便、不好。相反，我常常自豪地对人说："我姐姐说，腿瘸的人，以后会飞。"

上天还是公平的，他在带给你不幸和苦难的同时，也为你送上幸运和快乐，哪怕这幸运和快乐转瞬即逝，但像歌里唱的那样，"至少曾经拥有"。

几乎整个童年的梦中，我常常飞翔，有时和燕子一块儿飞，有时追着小狗飞。梦中的飞翔，成了我童年最美的生活、最深刻的记忆。

我的哥哥叫"强盗"

一

哥哥属虎，长我六岁，长得酷似一位著名的歌星，长脸，大眼睛，高鼻梁。不，应该说那位歌星长得像我哥哥，因为哥哥出生的时候，那位歌星可能还没想好光不光临人世呢！

记忆中，我喊哥哥为"强盗"。这当然不是我不礼貌，是哥哥要我这样叫他的。自他看了五龙庙里演的《武松》后，他对强盗异常崇拜，觉得"强盗"是我对他的尊称。

除哥哥之外，全家人都护着我。姐姐整天牵着我，生怕我腾空飞走；母亲有事没事就为我擦脸，与其说是在维护我的"门面"，还不如说是在传递对弱小的爱恋。父亲呢，只要他不外出做生意，他的肩膀便是我温暖的专座。

我小时候长得瘦弱，常生病，但天性贪玩，特别喜欢放风筝。哥哥简直就是扎风筝的高手。他扎的风筝，如笑眯眯的老鹰、咧着嘴的恐龙，不但栩栩如生，而且飞得特别高，令我担心会被月宫里的小白兔顺手掠走。每当哥哥扎的风筝飘舞在空中，一大帮和我差不多大的毛孩，就馋得只会瞪眼不会闭嘴了。

每当这时候，我就自豪得和风筝一样飞到了天上。哥哥总是在这个时候，把他手中长长的风筝引线交给我，让我任意驾驭"老鹰"，操控"恐龙"。那时候，我的感觉，绝不亚于总统把持着偌大的国家。

哥哥去割羊草了，他要完成父亲的"作业"。记得我六岁的时候，父亲给哥哥下令：每天放学后割上一大篓羊草，要不就罚他饿一顿。

哥哥贪玩，常有"违旨"的时候，每当哥哥"与羊共饿"的时候，我常在一边偷笑。这时，哥哥总会朝我龇牙咧嘴，将两个拳头攥成两个铁榔头，在半空中比画着。我吓得连忙躲到父亲背后，大喊害怕。而当父亲顺着我的指点看哥哥时，没事啊！哥哥像电影里被抓的鬼子一样，正吓得瑟瑟发抖呢！我也为此被父亲责怪："你也是的，喜欢痛打落水狗！"现在想来，哥哥真有演戏的潜质，只可惜生在我们这个穷苦的家庭。要不，成不了影帝也是影星。

这一天放学后，哥哥将"恐龙"送上了天空，便将长长的引线交给了我，自己到远处的地里割草去了。

我牵着"恐龙"，望着在蓝天下又舞又唱的风筝，兴奋地和它对话："再唱响一点！再唱响一点！"

正在这时候，来了两个比我大点的毛孩。其中一个瘦点的盯着风筝，不停地咽着口水，仿佛正吃着一颗酸得爽透的话梅。我正想和他们说话，高点的毛孩一阵风似的，旋转起来，等我反应过来，我手里的风筝线就到了他的手上。

"哥哥——哥哥——"我又吓又怕，用足了全身的力气喊。

可是，那两个毛孩抢了我的线，仿佛骑上了"恐龙"，早就逃得无影无踪了。

可是哥哥不知去哪里了。我丢了风筝,灰心得像被放完了气的皮球,瘫倒在地上,呜呜地哭。

哥哥背着满满的一篓羊草回来了,一看我的"惨状",知道是怎么回事了。他丢下手里的羊草,像豹子一样,蹿了出去。

不一会儿,哥哥肩上背着他的"恐龙",两手逮着抢我风筝的两个毛孩,来到我的面前。哥哥像拎小狗一样将他俩拎起来,问我:"他们有没有打你?"

说实话,他们并没有打我。但我恨透了这两个家伙,想也不想地说:"打了我的!"

"叫你们打人!"哥哥死劲儿地将他们两个扔到地上,像射子弹一样骂道,"叫你们抢东西,叫你们抢东西!"

"哇——"一阵像死了人一样的哭声,撕破了沉寂的空气。我一看,是瘦个子毛孩的哭叫声。

"你算什么?"胖点的毛孩胆子大点儿,从地上爬起来,擦着满嘴的泥巴。

"我是强盗!"哥哥的声音,吓得高个子毛孩倒退了几步。

在两个毛孩失魂落魄、鬼哭狼嚎之际,我们哥俩扬眉吐气、趾高气扬地"班师回朝"了。

回家路上,我问哥哥:"你为什么说你是强盗?"

"强盗不好吗?"

"不好!"

"武松也是强盗,你说好不好?"

"好的。"

"林冲也是强盗，你说好不好？"

前些日子，我刚跟着父亲看过绍兴大板《风雪山神庙》，知道林冲是个绿林好汉，便说："好的。"

"这就对了，强盗中也有好的。"

"你是个好强盗！"

"嗯，以后人家欺侮你时，你就说'我哥是强盗'！"

我觉得哥哥真是个好强盗。

可是，强盗毕竟是强盗，哥哥还是闯下了大祸。刚吃了晚饭，隔壁郎定伯伯就找上了门。我一眼就认出了刚才抢我风筝的瘦个子毛孩。他耷拉着脑袋，跟在郎定伯伯的后面，一副可怜兮兮的样子。郎定伯伯还没进门，就火急火燎地对父亲说："你儿子福寿，把我外甥的胳膊摔断了。"

啊，原来，那个瘦点儿的是郎定伯伯的外甥。我们正要抵赖，缚着绷带的瘦个儿，像吓破了胆的兔子一样，畏畏缩缩地挪进了我家。郎定伯伯凭着自己的想象，纯属虚构地"控告"着哥哥。我父亲一面赔不是，一面叫母亲到里屋取钱，给他们"报销"医药费。

等送走郎定伯伯，父亲关上了门。我看到，父亲的脸涨得就像落山的太阳，连胡须也染成了可怕的橘黄。哥哥知道不妙，正要逃，父亲一把将他逮住，只听"啪啪"两声，哥哥白净的脸上，立马染上两片红晕："今天晚上不准你困觉！"父亲的声音在墙上跳来弹去。

我吓哭了。

父亲终于被母亲拉走了。

立壁罚站的哥哥，又像松了绑的英雄一样，冲我做着鬼脸："我像不像强盗？"

"像的。"我高兴地擦去泪水。

"你应该谢谢我这个强盗。"我不知谢什么。哥哥望着一脸不解的我，开导道："你不是有钱存着吗？"

一听说钱，我有点紧张，那是父亲做生意回来时给我的一角钱，他特地关照我不要告诉任何人，哥哥怎么会知道呢？

"我没有……钱。"我低声说。

"说谎。"

"没有，真没有。"

"别装了，你的眼睛里写着呢。"

我赶快到里屋照镜子，可是没有发现眼睛里写着什么，还是跟平常一样的。我跑到外屋对哥哥说："眼睛里没写'说谎'啊！"

"眼睛里写的谎话，别人是看不到的，只有强盗能看到。"哥哥一本正经地说。

原来眼睛里的谎话，是写给强盗看的。我终于相信了，把一角钱的来历及藏在枕头里的实情，告诉了哥哥。

第二天一早醒来，哥哥不见了，我的一角钱也飞了。那天晚上，哥哥告诉我，父亲有没有给我钱，其实他是不知道的，是我自己中了他的套。但他知道，按惯例，他闯下了大祸，父亲第二天肯定要让他"与羊同饿"的。他可不愿挨饿，就"盗"了我的钱，买了两根油条、四个馒头做美餐了。我知道后，又气又心疼，直骂他"强盗"。

他笑得就像公鸡在打鸣："我就是强盗！哈哈……"

自此以后，我真的称他为"强盗"。

二

我上了小学后,哥哥已经念初中了。我念小学三年级时,丁老师在语文课上教了我们几个成语,还要我们用成语说一句话。有几个成语好记,也好说话。有几个成语特别难理解,更别说用它说话。

有一天,我又在背成语,就是背不出意思,我急得直掉眼泪。

这天晚饭,我们吃的是年糕泡饭。二十世纪七十年代是个物资匮乏的年代。我们家还好,父亲隔三岔五地外出做些海产买卖,有点钱赚进来,一家人还不至于挨饿,但粮食还是很紧张。我们小孩每月14斤米票,上了初中二年级的哥哥,长得风吹一样快,胃口好得像头牛。母亲常说,14斤米票,只够哥哥吃十天,剩下的二十天,哥哥就占家里人的份,可是其他人也不够啊。那时候,我只听哥哥一天到晚喊:"饿死了,饿死了!"

为了不饿死,他经常从我那里打牙祭。吃任何东西的时候,哥哥总会想方设法地霸占一点我的。为了防止他多吞多占,家里很多食物,母亲常常以绝对均等的形式,分配到人。一根甘蔗,一般都是拦腰分截的。分到靠近根部的,常常因甜份足而短一些,近梢头的,因为甜度差点而长点——这也常常成了我和哥哥吵架的起因。为公平起见,母亲创造性地将一截甘蔗劈成两半。当然,碰到吃年糕泡饭的时候,母亲从来不将年糕切片,因为切片一来麻烦,二来不易分配。所以,遇到吃年糕泡饭,母亲总是将年糕整支(块)泡在饭里煮,一餐晚饭,我和哥哥一人一支年糕。

因为记不住成语,我一点吃年糕泡饭的心思也没有,再说,我也不是太饿。

哥哥看出了我的心事:"又记不住成语了?"

"嗯,那个'囫囵吞枣'是什么意思?"我问。

"这个还不容易。你把碗给我。"

我把装着年糕泡饭的碗给了他。哥哥像变魔术似的,还没等我看清,碗里的泡饭早就吞进了他的肚子。他一擦嘴巴,得意地说:"看到了吗?这就叫囫囵吞枣。"

"这是吞泡饭。"

"意思一样。"

"不一样的,枣不嚼没有味道的,可泡饭不嚼,还是饭的味道啊!"我说。

"有点儿小道理,一知半解。"哥哥夸我了。他盯着我端在手里去掉泡饭的年糕。那年糕像半边洁白的大括号,正甜甜地睡在碗里。我看到,哥哥的眼里闪过一层光亮,那种和饿狗见到骨头一样的光亮。

"你知道'一知半解'这个成语吗?"哥哥突然问我。

"我听老师说过,但不知道意思。"我一向老实。

"想知道吗?"哥哥笑得像朵花。

"想!"我从小就好奇。

哥哥又从我手里,拿走了我的碗,一口咬走了我的半块年糕,把仅剩的半块,塞回我手里。

我知道自己又上当了,气得大骂:"强盗!"

哥哥生怕母亲听到,连忙捂住我的嘴:"你不是想我教你成语吗?"

"可是你没教我啊?"

"我不是教你了吗？"哥哥指着我碗里的半截年糕，狡黠地笑着，"本来你有一支年糕，现在被我借走半支，这不是一支（知）半借（解）吗？"

"这就叫一知半解啊？"

"是啊！"哥哥得意地说。

我望着剩下的半块可怜巴巴的年糕，不甘心地大哭起来。哥哥一听，知道情况不妙，赶快逃出了家，直到很晚才回来。

可是，我仿佛没长记性似的，第二天，又对"强盗"说成语的事。之后很多次，我都被"强盗"以同样的方法霸占了食物。比如，他以"平分秋色"的名义，吃走了我的苹果；以"心急如焦"的诠释，吞没了我的香蕉。我后悔，气愤，一遍遍地痛骂他"强盗"，但"强盗"总是好心情地对我说："吃一千（堑）长一智嘛！"

话虽这么说，但"强盗"的这种教学法，对我的成语学习还是很有帮助的。在后来班上举行的成语接龙比赛中，我还成为班上同学崇拜的偶像，连丁老师也夸我知道的成语真多。

三

父亲禁止我和"强盗"一同出去玩，原因是父亲认为他会带坏我。

不过说实话，没有'强盗'带我的外出，常常会很不顺，甚至是极大的不顺。

我八岁的时候，很想学游泳。父亲说千万不要同"强盗"一起去，他那么野蛮，弄不好会让他把你给淹死。我也觉得父亲说得对。每次

"强盗"去河里洗澡,总叫我一同前往,说是会非常耐心地教我,保证我不呛水,但我铭记父亲的话,就是不肯和他一起去,宁可跟着别人游。

跟着其他伙伴玩了一段时间后,我还真学会了游泳。我很高兴能从小河的这边游到那边,大约十来米的样子。这时候,有人提议学"鼻头泳"(方言,憋住气把整个头浸入水中),我们都说好。我们五六个小朋友都练"鼻头泳",一个接一个地钻。轮到我了,我大吸一口气,"扑通"一声,像鱼一样一下潜到水下。起初,我还很有力气,但不一会儿,我感到胸口闷得像压了块石头。我不敢再逞能了,赶快向水面蹿。可就在这时候,我觉得自己的头上,像被罩住了一张严严实实的网,怎么也蹿不出头来。原来,由于水下黑,我游错了方向,钻到河里的水草丛里去了。这种生长在河里的草,夏天特别茂盛,根节相连,如果罩住了小孩儿,没有大人帮忙,小孩儿一般是挣脱不开的。前年有个孩子,就因为钻到水草底下,出不来,等到大人发现将他捞上来时,早已没了气。

一想到这儿,我吓得用足了吃奶的劲,拼命地扯拉水草。可是水草太多了,任凭我怎样挣扎,除了一口一口地喝水,就是挣脱不出水草丛。慢慢地,我觉得自己手脚软了,不听使唤了。

"救——命啊,救——命!"岸上小伙伴们的呼喊声,远得就像山上飘过来的小树叶,轻轻落地。

当我醒过来的时候,正在生产大队的医疗站里。父亲高兴地大喊:"醒了醒了!"母亲、姐姐抱着我,高兴得大哭。我想起了刚才钻"鼻头泳"的事,很虚弱地说:"我没死啊!"

"多亏你哥哥,要不你就没命了!"是医疗站里的赤脚医生芹娣的声音。

这时，我才发现，"强盗"正笑着站在父亲的身边，朝我做鬼脸。他的脚上，也扎着白纱布，纱布里透着血迹，像姐姐绣在白布上的红梅花。

后来我才知道，"强盗"那天为救我的小命，脚底被河里的破碗片划出了一个大口子，血流不止。但他像打足了气的车轮一样，把从水里捞起来的我，送到了医疗站。后来他的脚底板缝了六针。

我问他痛不痛，他摇摇头说："我是强盗，不痛！"

父亲高兴得顺手在他头上奖了他个"响榧子"。

四

我小学毕业后，十七岁的哥哥就挑起了生意桶，跟着父亲去城里叫卖，走南闯北。每次回家时，他都会带上一两件小礼物，有时是一支笛子，有时是一把口琴。

父亲在哥哥的配合下，生意做得很不错。后来，我们家建起了一栋两层的楼房，引来乡邻乡亲驻足观望。

等到我初中毕业后，哥哥就要结婚了。根据我们当地的习俗，成了家的男孩要和未成年的弟弟分家。于是，哥哥主动提出，新建的楼房分给我，家里原有的两间破旧小屋归他。

我很感动，等到我们签了分家书后，我想对他说句感谢的话。他仿佛早就知道我想说什么，把分家书把口袋里一塞，大声说："我是强盗，我不会吃亏的。你一栋楼房只占了一块地皮，我两间平房，不就占了两块地皮吗？哈哈，又让我抢到了。"他的笑声，好像在路上捡到了一块

我们五六个小朋友都练"鼻头泳",一个接一个地钻。轮到我了,我大吸一口气,"扑通"一声,像鱼一样一下潜到水下。

——《我的哥哥叫"强盗"》

金子，打破了萦绕在父母心头的沉闷。

若干年以后，我做上了生产队里的代课老师，哥哥像喝了甜酒似的，笑着说："这下好，你可以把我教你的一支（知）半解（借），教给你的学生了。这样，保证他们能记得住。"

这方法还真的管用。后来，我还真用这方法去教学生记住某些词句，还确实提高了孩子们对词句的理解和记忆速度。再后来，我终于知道，这种和生活、习俗、方言等联系起来说文解词的方法，还有个专用的名词，叫"讨彩头"，学名叫"谐音"。我还专门上过有关的课，赢得了听课老师的阵阵掌声。当然，这是后话了。

五

1986年2月25日，正月十七，一个冷得刺骨的日子。风像逞能似的，席卷着稀疏的雪花，吹打着早春的大地，把天地吹得一片寒冷。幸好年味还在大街小巷回旋，要不在这样的日子里，村子里会显得特别的凄凉。

这一天，我放学回家，母亲对我说："刚才福寿来过了，他说他去捕鳗鱼苗了。"

"捕鳗鱼苗很危险的，还是不要去的好！"我望着窗外阴暗的天空。

"我也对他这样说的，他说他能在水上走路，不怕的。"母亲嘴里这么说，神色也变得不安起来。"砰"的一声巨响，北风粗暴地关上了家里的大门，让人听起来心惊肉跳的。母亲合拢了双手，对着土灶上供着的菩萨，嘴里叨念着："菩萨保佑，保佑我家福寿出海平安！"

"强盗总这样,老做一些令人担心的事!"见母亲担忧,我抱怨道。

"你也不要怪他。"母亲显然不满我的抱怨,抬头望着屋顶,很难过地说,"这房子是你父亲在世的时候造好的,到现在还没钱铺楼板。你一岁岁大起来,连楼板都没铺,找对象更困难了。"

我不知道母亲这样说,跟哥哥去捕鳗苗有什么关系。

母亲看了我一眼:"上午你哥哥到这里,对我说,这次他捕了鳗鱼苗卖了钱,就借你三百块,买些木板,把楼板给铺了。"

"强盗良心是好的。"我笑了。

"你不要总是强盗强盗的,他哪里'强'你了。"母亲瞟了我一眼,"我做娘的心里清楚,在你们这些兄弟姐妹里,其实他最厚道、最大度!"我感觉母亲有点厚此薄彼,想为自己辩驳,但一想,觉得母亲对"强盗"的评价也是客观的。特别是自己随着年岁的增长,也已经发现,母亲当时所谓以绝对公平的名义,给我们兄弟俩分配一样的食物,诸如每人一块年糕,一个粽子,一截甘蔗,等等,其实是不公平的,因为严重忽视了"强盗"和我从生长发育等生物意义上的差异性。不是说父母那时因我弱小偏袒我,至少没有做到因人制宜。

窗外的风叫得凄凉、哀怨,像是有人在哭。母亲担心得不想吃饭,我也毫无心情地只扒了几口饭。就这样,我们母子俩呆呆地坐着。就在这时,表姐裕仙哭叫着闯进我家:"福寿的船翻了,人也找不到了。"

母亲一下瘫倒在地,晕了过去。

三天之后,哥哥的遗体被亲邻从海里找到了。全家人围着哥哥的遗体哭成一团,母亲更是几次醒来又几次晕过去。每醒来一次,母亲总是摸着哥哥的脸,边哭边说:"你不是说会在水里走吗?你怎么不走到娘这里来啊!"

母亲在痛哭,在责怪天,痛骂地。哥哥的儿子——我五岁的侄子,好奇地看看我们,再看看直挺挺躺在门板上的哥哥,对我们说:"爸爸在装死呢!"

一旁的亲友赶紧捂住了侄子的口。

看着年幼的侄子,扶着哭成虾一样的母亲,我轻轻地揭开了蒙着哥哥的白布。望着哥哥的脸,我想起了小时候他替我打不平被父亲处罚,抢我年糕教我识词遭我痛骂,不顾危险把我从水中救起……我想起了哥哥对我的种种好,眼泪像开了闸似的,流成大河。

哥哥,不,"强盗",你先去另一个世界熟悉熟悉,周游周游。若干年以后,我们还会重逢,到时我还做你的弟弟,还喊你"强盗"。

拨快时钟

小时候，大队部门口放露天电影无疑是我们孩子的重大庆典。那气氛，非时下的歌星演唱会能比。对于我来说，如果放映的不是《南征北战》之类的"打仗的"，而是《智取威虎山》之类的"样板的"，那份欣喜和期盼，堪比过年。

也正因为如此，凡是碰到放电影的日子，我总觉得白天特别的漫长，太阳好像有意和我作对似的，故意停在半空中，就是不肯西落，气得我真想把它拽下来。

不过，我还是想出了一个绝妙的办法，那年我七岁。

放电影的时间不就是晚上六点吗？我有办法了。

我们家做晚饭的时间，姆妈和姐姐都有自己的习惯。姆妈看太阳，姐姐看时间。那时正值夏天，姆妈整天在生产队里摘棉花，挣工分，晚饭自然就轮到姐姐做了。我的机会来了。

这一天下午，趁姐姐正在午睡，我学着电影里鬼子深夜进村的样子，从姐姐身边像树叶落下枝头那样轻地下床，再悄悄地爬上柜子，将柜子上的时钟由一点拨到两点，然后又悄悄地将时钟放回柜子上。我做得那样严谨周密，连拨快时间后，将时钟放回到柜子上后时钟所摆放的位置，都对得非常精准，姐姐根本发现不了。我暗自高兴，感谢时钟帮了我大忙。

一切全在我的掌控之中。姐姐睡醒后照例去看时钟,一看已是下午五点了,照例开始做晚饭。可是等姐姐做好了晚饭,父母还没有从生产队干活回来。姐姐又跑进去看时钟,说:"都五点了,爹爹和姆妈怎么还没有回来?"

我心里有鬼,自不敢言。

过了一会儿,姐姐好像有点急了,又说:"今天怎么啦,都五点半了。"

我快要说实话了,可是,一想到电影,我就什么也不顾了,我说:"姐姐,要不我先到电影场抢位子去?"

姐姐看了一下钟,说:"好的,今天是《红灯记》,看的人一定多。"见我扛着凳子要走,姐姐又说:"要不,你先吃口饭?"

还吃什么饭?我的心早就在电影场了,何况,时钟已经显示五点三十分了,再过半小时,电影就要开始了。我火急火燎地说:"不吃了,吃完饭就没好位置了。"也没等姐姐说什么,我奔出了家门。

看露天电影一定要抢前面几排,最好是头排,这样不但听得清电影里的唱腔,而且还能十分清楚地看到每一排字幕。之前有好几次,姐姐带我去得迟,总是被成群的观众远远地挤在后面,这样看电影的效果十分不好。电影场里,真看电影的多,假看电影的也多。有好一帮人本来就不喜欢看电影,更不爱看唱京剧的电影,到电影场多半是为了凑热闹,甚至蹿来插去地玩游戏,捉迷藏。场子里,呼喊声,笑骂声,还有叫卖声,这些杂七杂八的声音像一条大被子,常常盖没了电影中的唱腔。听的效果不好,那么看呢?由于落在后排,即使是趴在姐姐肩上,我也很难看清楚一排排本来就不大的字幕。这对于我——一个刚刚开始识字，而且对字充满新鲜与好奇的孩子来说，更是件伤心的事。我好希望到电影场的人，都和我一样，是真来看电影的。

从家里到看露天电影的大队部门口有五百多米路。一路上，我一个劲儿地鼓励自己走快点，再走快点，我担心六点快到了，前面几排已经被人家占了，电影已经开始了。

我终于气喘吁吁地来到了电影场，一看，整个电影场里除了依然火热的阳光毫不示弱地占据着整个场地，唯一的"海拔"就是我和肩上的凳子。我非常庆幸自己总算第一个到场了。

我等啊等，盼啊盼，可是放电影的人怎么还不来呢？我觉得很奇怪，我从家里出发的时候已经五点半了，姐姐平时说，从家到电影场要走十分钟，这么长的时间过去了，六点怎么还不到呢？想了好一会儿，我终于想"明白"了——我只是将自己家的时钟拨快了一个小时，其实，我应该把闹钟带到电影场来，在这里拨快一个小时，这样放电影的人就会按时放电影了。我后悔得想哭。

我有点累，于是就着凳子躺了下来。太阳真热啊，我被晒得懒懒的，不一会儿，我就迷迷糊糊地睡着了。后来，我隐隐约约感到有人在搭电影棚，好像还有唱京剧的声音。姐姐来了，电影开始了。电影放的是《红灯记》，可奇怪的是鸠山（《红灯记》中的反面角色）说他不要抓李玉和，要抓我，后来我真被鸠山用铁链捆住了，动弹不了。我拼命挣扎，王连举（《红灯记》中的另一个反面人物）来了，死死地捂住了我的嘴，我怎么喊也喊不出来。鸠山说要枪毙我，把我拉到了电影场。电影场在一个山岗上，我和李玉和他们一起被押到了刑场。还没站定，一把刀朝我脖子上砍过来。我无法躲避，痛得大声地喊起来：

"姆妈——"

"好了好了，哭了就没事了。"是爹爹的声音，接着是姆妈的呼唤声，再接着是姐姐的哭喊声。我睁开眼睛，啊，原来我在自己家里了。隔壁大妈正在给我扭痧（刮痧）。见我哭了，大妈说："扭痧是好的。"

我杀猪似的大哭着："大妈——妈，我不——不要——扭了。"

父亲下令道："再扭，谁让你这么傻，拨快时间去晒太阳！"

我于是杀猪似的大喊大叫起来。

原来，那一天，我躺在凳子上睡着了。夏天快落山的太阳辣得如炭火，我差点没成"烤猪"。

真是偷鸡不成蚀把米，我拨快了一个小时，非但没有提前看到电影，就连"延后"放的电影，也没有看到一个镜头。这还不算，因严重中暑，我的脖子还遭受了皮肉之苦。不过还好，虽然痛了点，但还是吃到了姆妈给我的一罐头糖水橘子。而姐姐，平白无故地遭了父母的一顿臭骂。姐姐太冤了！

我工作以后，有一次提起这件事，姐姐狡黠地一笑："其实，那天我是知道你拨快了时钟的。因为每天我烧晚饭的时候，西边的太阳刚好爬到咱家灶头。那天的太阳，还斜挂在半空，根本还没有照到屋子里来。"

我问姐姐："哦，那你为什么不点破？"

"不为什么，让你去吃吃苦头。"

是的，吃吃苦头。这何尝不是教育？这实在是一种高明无比的教育。我感谢我的姐姐，是她的"明知过为"，甚至是"冷酷无情"，让我体验了童年的自说自话、自由自在，让我尝到了自己做主的滋味。

| 爱满教育 |

虽然这个主做得非常不划算,甚至吃足了苦头,但让我刻骨铭心地认识到了行为与后果的统一性和严肃性;是她的让我"吃吃苦头",让我在日后的教育中,深切地感悟到,有一种教育是放手,即使再往前走,终将镜花水月,一事无成。这个时候,你有妙手可回春,你有良药可治病,你有热情暖如春,你有爱意能化冰,但你必须装作不闻不问、不爱不惜。因为,挫折,是成长不可或缺的营养品;失败,是成人必须摄取的"维生素"。

我至今都感谢姐姐那次的"不作为""不干预""不爱惜",因为它让我早早地体会了什么是自欺欺人,什么是掩耳盗铃,从而帮助我在漫长的岁月里,无论做人还是做事,总给自己提个醒:欲速则不达,万事切不可一厢情愿地"拨快时钟"。

拔 河

我六岁时,才知道自己的右腿有点毛病。"你的右腿不是毛病,那是老天给你做上的记号,好让娘一眼就认出你是我的儿子。"娘边说边擦去"喜泪"。

上了小学后,我完全明白自己患的是小儿麻痹后遗症了。由于我的走路姿势和别人不大一样,我常常成为别人嘲笑和攻击的对象。后来,每次下课,要不是内急,我就不离开座位和大家玩,省得我一走路,就遭别人笑话。那时候,我真希望自己能是一只老鼠,生活在不用见人的地洞里。

但我成不了老鼠,和我的右腿不可能变好一样。学还要上的,书还是要读的,何况母亲几乎天天对我说:"腿不好的人,脑子特别好。只要你好好读书,将来腿好的人还不如你呢!"母亲的话还真灵,从一年级读到二年级,我的考试成绩每次都是班上第一。

读小学三年级的时候,我们班换了一个班主任,姓丁,长得像歌里唱的"小芳"那样,长辫子,大眼睛。每次放晚学时,我总是要多跟丁老师说几次再见,为的是多看一下丁老师花一样好看的脸,多听一下丁老师黄莺一样好听的声音。

丁老师教我们语文,也教体育。凡是她上的课,我都特别喜欢听。因此,我的语文学得特好。丁老师常常夸我字写得好,朗读很有感情。

有一天,丁老师拿来了一根绳子,对我们说:"这节体育课,我们去拔河。"我心里想:拔河?河可以拔吗?河里不是有水吗?拔河干吗要用绳子呢?

丁老师把我们四十个同学分成四个组,每组十个人。她把我们带到学校操场上,把绳子高高举起来:"河怎么拔知道吗?"

同学们都说不知道。我问:"到河里去拔吗?"

丁老师笑了,再次扬起她手里的绳子:"拔河就是两组的同学,从相反的方向使劲拉绳子,绳子拉到哪一边,哪一边就胜利了。"

哦,原来是拔绳子。这有什么好玩的?

丁老师大概看出了我们的心思,说:"拔河不但要比哪一组的力气大,还要比哪一组的心往一处想。因为只有心往一处想,力气才能往一处使。好了,下面我们开始拔河比赛了,看哪一组是英雄。"

拔河还有比赛,还能做英雄,同学们的兴趣都被丁老师激发出来了,我也跃跃欲试。

丁老师将她手里的绳子解开了,原来绳子的中间还系着一条红布。丁老师告诉我们这是标记,帮助我们看清楚绳子往哪边移动。

丁老师讲完后,我们的拔河比赛开始了,先上场的是我们第一组和第二组。丁老师指导我们如何紧握绳子,怎样通过侧身使劲。指导完毕后,丁老师望着我们早就绷紧了的绳子,问:"可以开始了吗?"

"可以了!"我们响亮地回答。

"预备——"丁老师再次望了望我们双方,大喊一声,"开始!"

于是,我们这串二十个人的"糖葫芦",使出全身的力气,将绳子往自己这边拉。起初,我还觉得挺有力气的,死死地拉住绳子,不一会儿就觉得快要透不过气了。正在这时,前面的才明一只脚绊住了我的腿。他一用力,把我整个人带倒了。我一倒,才明也倒在我的身上。于是,我们组很快被对方打败了。二组的同学高兴得又是笑又是跳,还不时地指着我们组,贬低我们是"狗熊"。

丁老师站出来为我们说话了,他说失败是成功之母,要对方不要骄傲自满。何况,这只是第一场比赛,还有三场要比。然后,我终于怀疑丁老师的正确性——接下来的三场比赛,骄傲的第二组始终没有因为自满而失败,可怜我们第一组也一直因为生了"失败"而做够了"母亲"。

回到教室后,我们组立即开展了失败原因调查。调查的结果:何夏寿每次都跌倒。

"他腿瘸的,我们再努力也拔不胜人家的。""把何夏寿给第二组,我们再比。""我们才不要他!"我们组的人和第二组的同学争了起来。他们的话,像一把把锋利的刀子,无情地割着我稚嫩的心。

后来丁老师好像大声制止了同学们的争吵,也说了好长时间的话。我趴在课桌上,只管哭,也没有听清楚她到底说了什么。

这以后,我暗暗发誓:永不参加拔河比赛,省得丢人现眼。

可是班上的同学爱死了拔河。每天围着丁老师问什么时候拔河,丁老师总是说"过几天"。

这以后,每逢有体育课的这天,我都会以"肚子疼"为借口,叫邻居才明替我向丁老师请假。我不但瞒过了丁老师,甚至还瞒过了母亲。

每当我请完假,我就静静地躺在床上,想象着同学们这时候正在操场上拔河,拔得喜笑颜开,我自己不觉泪流满面,哭着哭着,就睡了过去。每请一次假,我就像真的生了一场病,连晚饭也吃不下去。那时,

| 爱满教育 |

所有人都说我瘦得就像一只小猫。九岁了,才二十多斤重。

这一天,阳光暖暖的,风轻轻的。我们刚上完音乐课,班长让我们排好队伍,把我们带到操场上说:"广播说明天要下雨,明天的体育课改到今天来上。"一听说要上体育课,我紧张得小便都尿在了裤子里。

"大家想玩什么?"丁老师问。

"拔河!"同学们异口同声地高喊。

我像一个被捉住了的贼,等待着主人的发落,"热"得汗水淋漓。

夏秀英走过来,对我说:"夏寿,快来呀,拔河开始了。"

我像个木偶似的,跟着她来到了队伍中间,又让她把我的手"逮"到了冷冰冰的绳子上。

丁老师大喊一声:"预备——起!"

我只觉得绳子一阵颤动,不一会儿,第二组的同学一个个被我们这边的同学拉得东倒西歪,红色的标记迅速倒向我们这边。

"胜利了!胜利了!"夏秀英兴奋得像母鸡生了蛋,一个劲儿地大喊着。受了她的鼓动,我们小组的同学高兴得手舞足蹈,像喝醉了甜酒。我为自己终于没有成为小组的累赘而泪流满面。

这以后,我们组拔河比赛胜利的多,失败的少,我终于不再"因病"请假了。

不过,我总觉得这胜利来得不是很正常。

有一次,丁老师对我们全班同学说,班级要搞文体活动。所谓文体活动就是文艺加体育。以后体育课,除了玩拔河,还要比唱歌。唱歌唱得好的,我们要请他到全校人面前去唱。这节体育课,我们就一人唱一首自己会的歌。同学们一个接一个地唱,唱得好的大家鼓掌,唱得不太好的、跑了调的，大家按着肚子笑。我从小就喜欢唱歌。轮到我唱了，我大大方方地把姐姐教我的《大海航行靠舵手》响亮地唱了一遍。一唱完，丁老师使劲为我鼓掌，紧接着，同学们的掌声响得像打雷。

真是在哪里跌倒从哪里爬起。后来，我居然被大家选为班上的文体委员。从此以后，我爱上了读书。丁老师又叫我做学习委员。我一人兼做两个委员，不但不觉得累，还觉得生活每天充满了阳光。心情好，读书就好，五年级结束时的考试，我得了个全班第一。就这样，我十一岁时，就进了初中读书。

上了初中后，我才从夏秀英那里知道，那时候，丁老师为了我的自尊，挽回我对读书的信心，瞒着我，做通了班上同学的工作，有几个同学丁老师还是晚上去家访了的。我听了两眼发热，要不是当着人家女生的面，我还真会掉泪。

四十多年过去了，只要一提到"拔河"两个字，我的眼前就会浮现出丁老师"小芳"般好看的圆脸，耳边就会响起丁老师黄莺般好听的歌声。

直到今天，我依然喜欢"拔河"……

"我真的没偷"

夏天的正午,太阳肆无忌惮地发着"大火"。大人们只好"息夏",也趁机睡个午觉,为下午的劳作积些气力。

我们小孩子有的是精力,而且要特别利用太阳的"发性",去捕捉燥热得只会大喊大叫的知了。

捉知了要有知了网。我表哥百乔很会做知了网。他用一根细铁丝,将尼龙线织成的网片串起来,然后将铁丝一弯,弯成一个网袋子,然后将它捆绑到一根长长的竹竿上,知了网就做成了。捉知了的时候,要捏稳竹竿,悄悄地将网移到知了的身后,然后迅速用网套扣住知了。知了一惊,拼命挣扎,但为时已晚,有翅难飞了。于是,我们几个便拥上去,分享我们的战利品。

知了有两种,一种会叫,我们称之为"响板",品质上乘;一种不会发声,我们称其为"哑板",其品质就低下了。那个年代的我们都喜欢"响板",它的叫喊声对我们来说无疑是最美的歌声。一只"响板"带给我们的快乐,远远胜过现在的孩子从收听流行歌曲中得到的快乐。

知了最喜欢在梨树上引吭高歌,大概它也觉得水灵灵、黄灿灿的梨子姑娘般可爱,值得它整日为之放歌。

我们村子的南头,有一个很大的果园。正是梨子成熟的季节。梨子又圆又大,香味极浓。知了的歌声此起彼落,仿佛一场终日不停的交响乐大会。果园是集体的。那年头,梨子当然金贵,金贵到一个夏季每户人家只能分到10个左右,所以梨子也要防被人偷去。不但整个园子都用荆棘围了墙,生产队还专门安排了一个外号叫"黄胖"的壮汉,外加两条狗看管梨园。但人总有犯困的时候,常有梨子被人偷去。

说实在的,我们这批捉知了的家伙,一半是为了玩知了,也有一半是为了顺手牵羊地网几个梨子吃吃。要不,我们也不会在火烧一样的太阳底下,冒着有可能被荆棘刺疼的风险,将网伸进园子里面捉知了。百乔和秋海虽然都和我一样读二年级,但都比我大三岁。他们分析过"敌情":这么热的天,狗都睡午觉,管梨的"黄胖"早在做梦了。

母亲好像有所觉察似的,经常对我说,小孩子手脚要干净,宁可饿死,也不要去偷人家东西。我答应母亲绝不去偷,但嘴一馋,什么都忘了。虽然我没有偷过梨,但吃过他们偷来的果子。尽管我知道,这是和偷同罪,但我一直将此当作他们抄我作业的报酬。

这一回,我们三个又悄悄地接近了布满荆棘的梨园。知了唱得真欢。秋海在望风,看看狗有没有发现我们,人有没有出来。我腿脚不便,拎一个尼龙网袋,接战利品。百乔冲锋陷阵,将缚着知了网的长竹竿伸进了梨园里。不一会儿,一只活蹦乱跳的"响板"被装进了我的尼龙网袋。百乔又将知了网伸进了梨园里面,只听得"啪"的一声轻响,一个黄灿灿、香喷喷的梨子递到了我的手上。我闻了闻,美滋滋地将梨子藏进衣袋里。我知道,梨子可不能光明正大地放在尼龙网袋里。

百乔又将网伸了进去,就在这时,园内传来了"汪汪"的狗叫声,秋海大喊一声"快跑"后拔腿就跑。百乔一紧张,知了网被梨树枝给勾住了,任凭他怎么拉都拉不出来,我赶快过去和他一块儿拉。"啪"的

| 爱满教育 |

一声脆响，我们的竹竿折断了。由于用力过猛，加上腿脚不便，我一下就跌了个四脚朝天。百乔想来扶我，但两只狗带着黄胖从前面凶神恶煞地奔了过来，吓得他赶快丢下我，抄小路逃窜。

我像只待宰的小羊羔似的，被黄胖从地上拎了起来。

"我没偷。"我的声音轻得就像蚊子叫，但还是让黄胖给听到了。

"没有偷你倒在地上做啥？"

"我——"我看到黄胖的眼睛扫过我藏着梨头的衣袋，赶快用两只手蒙住了它，"我真的没偷。"

还好，黄胖只是随便看了一眼，还"扑哧"一声笑了："我想你也不会偷的。"说完，他从地上捡起尼龙网袋，还给我，"回家睡午觉去！"

我比吃到了梨还高兴，捂着口袋，赶快逃离，尼龙网袋里的"响板"也响亮地唱了起来。

事后，从黄胖的眼神还有他的笑声中，我想他肯定知道梨就在我的口袋里，为此我还一直担心他会向我父母告状。若干年以后，黄胖的孙子在我班里读书。有一次，我主动跟来接孙子的他说起了这个故事。他笑笑说，他是看到了我口袋里的梨子的。那年头家里少吃的，哪个小孩见到梨子会不馋呢？我当面感谢他当年的不"杀"之恩，并说："那次以后，您让我知道，放人一马，功德无量。"

黄胖，我应该叫他黄胖伯伯，他满是皱纹的脸上，聚起了笑容，像极了一朵盛开的菊花。

这一回，我们三个又悄悄地接近了布满荆棘的梨园。知了唱得真欢。秋海在望风，看看狗有没有发现我们，人有没有出来。我腿脚不便，拎一个尼龙网袋，接战利品。

——《"我真的没偷"》

约 定

我系着网兜走在水田的田埂上,瞪着太阳,心里骂道:"这么明晃晃地看我干吗?有本事变成硬币掉下来!"我听到太阳也在骂我,而且骂得跟我父亲一样:"就知道钱钱钱,一天到晚花钱去看书。你以为我开的是银行啊!有本事自己赚去!"

我太理解父亲了。我们家兄弟姐妹六个,全靠父亲忙时种地、闲时做些水产生意养活。以至于父亲不到五十岁,却常被人当作花甲之人。上个星期二,因突下暴雨,父亲来学校给我送伞。我们初一(2)班班长张东卫跑过来对我说:"你爷爷来了。"我相信,我们这位"又红又专"的班长,是断然没有嘲讽我父亲之意的。

父亲骂得没错,可是我想看书,这是我的错吗?谁让他把我生得喜欢看书的。再说,是父亲自己把我拉进了村里的土戏台,让我看了一出又一出的戏文的。这无疑是往火上浇油。我爱看书的"干柴",常常被戏文烧得隐隐作痛。

广播里明明说今天是阴天有雨,可太阳就是这么喜欢与我作对,睁着大眼撒野似的将热辣辣的光亮泼了下来。这么烈的太阳,别说抓不到田鸡(青蛙),就连田鸡的叫声都要被烤死了。

捉不到田鸡难道不可以捉别的吗?对了,猛太阳底下,下水去摸河虾啊。这一突发奇想让我感到无比兴奋,转念间我觉得太阳真够意思——助我去赚钱。

我跑到了河边。虽说是骄阳当空，但毕竟是楝树花盛开的初夏，村里的小河边静悄悄的，除了几个大妈在洗衣，没有人下去嬉水。也是，我们这里，谁都知道"楝树花开，洗浴买棺材；楝树花谢，洗浴洗到夜"的规矩。这个时季应该没人下水游玩的。

正是天赐良机。凭我的经验，初夏，河里的水草底下，居住着好多过冬的河虾。中午时分，正是它们午睡的时候。我一个猛子下去，捉它个把斤应该没有问题。最便宜的河虾拿到村口的集市上去卖，也应该能卖个三毛五毛的。这样，借一本《金光大道》应该没问题了。要是碰个巧，多捞点，卖上一块钱，东卫那一套《金光大道》，他说可以借一个星期啊。一个星期呢，这是多么美好的一个星期！连过年也比不上的一个星期！我想得心花怒放。

我纵身跳入水中。

初夏就是初夏。尽管水面上还算温热，可水底下还是凉凉的。不过，水草底下的河虾还真不少。一个猛子下去，还真能抓到一把。我知道，水草越密的地方，河虾越多。为了多摸点，我向更远处一块长得稠密的水草游去。就在这时候，我听到娘在岸上大喊我的名字。我知道，她是怕我出事。在这样一个"洗浴买棺材"的时季下水，挨娘骂是注定了的。骂就骂吧，哪怕打！

我装作什么也没听到，吸了一口气，钻到水草底下。就在这时，我觉得脚下一阵刺骨。不好，这块水草底下，河水太冷了。常识告诉我，我得赶快钻出水面，否则会双脚抽筋的。可是就在这时，我的双脚突然间刺痛、抽搐，整个身体蜷了起来。我拼命地用双手拨弄头顶，可水草像一张严严实实的网,将我死死地盖住了,任凭我怎样挣扎,除了一口一口地喝水,就是挣脱不出水草丛。慢慢地,我觉得自己的手软了,腿无力了,身子一点一点地往河底沉。

"救——命啊,救——命!"岸上娘和大妈们的呼救声,轻得就像从山上飘过来的小树叶落在地上。

当我醒过来的时候,发现自己躺在生产大队的医疗站里,父亲擦着满头的汗水,娘和姐姐抱着我,高兴得大哭。

事后,我才知道,幸亏义王道地的黄胖伯伯路过这里,赶快下河救我,要不,我要"转学"到另一个世界去了。

真是因祸得福。那天晚上,娘给我煮了两个鸡蛋,我讨了口福。我姐给了我五毛钱;我哥将我摸的虾卖了,换了一块钱,我发了横财!

第二天是星期一,我早早地在教室门口等着张东卫。

张东卫终于来了。我急急地迎了过去:"东卫,上星期六说的书呢?我有钱了。"

张东卫显得有点为难,说:"那套书,我爸也是每天出一块钱借来的。"听东卫的意思,我要借这套书,不是一个星期一块钱,而是每天一块钱。

我急了:"你爸不是县委书记的秘书吗?"

"秘书借书也是要给钱的啊!"东卫不屑地看着我,"你以为县里的图书馆是我爸开的啊?"

"那你说,我有一块五毛钱,能看多少天?"

"你真有那么多钱?"张东卫像看外星人一样盯着我,过了好久说,"我回去跟我爸说说,看能不能便宜点。"东卫说得很困难。

"那书能让我看一下吗?"我迫不及待。

"《金光大道》吗？"见我点头，东卫没有立即回话。他迟疑了一下，有点怪怪地说："你说呢？'宝书'是能随便带来的吗？一天一块钱呢！"

我本来想说，上周六放学时你不是说周一借我吗？还说好一块钱一套，借一个星期呢！可张东卫转身就进了教室。

整整一个上午，我不知道老师在讲什么，脑子里只有"芳草地""高大泉"，只有《金光大道》。

吃午饭了，大家都蜂拥去食堂取饭盒。我没有心思吃饭，盘算着等东卫取回饭盒后，再跟他说说，哪怕一块钱一天，也请他爸爸从县里替我借过来，至少我可以看一天半呢。

我走向东卫的座位，准备等他。就在这时，我发现，东卫的桌肚里，放着两本厚厚的书。那时，我们的教科书都是很薄的，这两本会是什么书呢？我好奇地把书从桌肚里拿了上来。啊，是《金光大道》第一部、第二部。明明有书，却不让我看。这时，我气得听得见自己的血在哗哗地蹿。

"你在干吗？"东卫捧着饭盒，显得很吃惊。

"你不配做班长！"我像怒狮一样狂吼道。刚刚从食堂取了饭盒回来的同学，被我的吼声吓呆了。

我跑出教室，来到了操场中央的大树下。东卫太伤人了，亏他还是同学，而且算是比较要好的同学。上次，他想当红卫兵中队长，还是我替他拉了好多票，连他的决心书还是我给他写的。

我翻江倒海地回想着读初中一年多来，几乎每周都用娘给我中午买下饭的酱油的钱——五分或一毛——从东卫手里借书看，从没有欠过他一分钱。他爸在县委当秘书，谁知道这书是他爸免费拿来的还是像他自己说的，也是花钱借来的。反正，我的钱就这样乖乖地流到了他的口袋里。这我不怪他，是我自己要借的。但我气他有书不借，故意涨价，让我看不起书。为了这一块钱，我还差点死在河里。我越想越生气，越想越委屈，还暗暗发誓：以后我长大了，赚钱了，有了书，便将书丢在大路上，给每一个喜欢看的人读，就是不让张东卫碰一下。

"夏寿。"不知什么时候，东卫来到了我的身边。听到他叫我，我想走开，可被他挡住了。

其实我不是被张东卫的手拦住的，而是被他手里的两本书给粘住了。我知道，那是一套两本的《金光大道》，我整个人已经被那"金光"给吸住了。

东卫把书递过来，我很不争气地伸出手去，生怕它飞了似的，紧紧地拽住《金光大道》。那一刻，我真想咬咬手指，看是不是在梦里。

我赶快从口袋里摸出我的"性命钱"来。

张东卫摆摆手，说："钱我不要！不过——"

我和张东卫之间，一向都是一手交钱一手交书的。他也是靠我和班上的几个读书迷，积累钱，每个月"大方"地花"自己的钱"搞班级活动的。他对钱的感情，和我对书的一样，很深很深。可他居然不要钱，太意外了。"不过什么呢？"我好奇地问。

张东卫没有回答，仿佛不认识我似的看了我好一会儿。他的眼睛，像是刚刚下过雨的水田，有点薄薄的雾气。终于，他好像下了决心，很困难地说："我语文一向不如你，你看多了书……我怕我考不好试，我这个班长……"

"哦，我明白了，你是怕我的语文成绩越来越好。"我笑了，"可是，东卫，我的数理化都不如你。"

"那也不行,班长应该每门课都是带头的。"见我挑明了,张东卫也直说了。

"这倒也是的。那你要我怎样?"我问道。霎时间,我发现张东卫像只被捉住了的小鸟似的。没等他回答,我自告奋勇地说:"以后,写作文的时候,我只写'电报'一样长,句子也不让通顺;语文考试的时候,我考差点儿,行不行?"

张东卫的眼里马上亮起神采,他神秘地一笑:"下次,我给你带更多的书来。"

我们都说到做到了。这以后,东卫隔三岔五地让他爸爸借来好书。我读到了《西沙儿女》《艳阳天》《三探红雨洞》等"宝书"。我当然像书上说的那样,滴水之恩,涌泉相报。我每次写作文,不是把文章写成"电报",就是把内容写得张冠李戴;语文考试,不是答得有一截没一截,就是错字别字满天。而张东卫的语文成绩,无论是写作,还是考试,常常夺得全班第一。教我们语文的沈老师纳闷了,有一次他对我说:"看你读书也不少,怎么成绩不但没上去,反而下降了?"

这当然是个秘密!幸好那个年代,成绩好坏其实没有多少老师和家长真的在乎,要不,我们的秘密早就被拆穿了。一旦那样,我和东卫就两败俱伤了。

就这样,东卫靠着门门学科"全班第一"的自信与自律,茁壮成长,毕业后顺利地考上了大学。又因为他从小就擅长经营,终于成了漂洋过海的企业家。而我,因为东卫持续地"供书"给我,我那原本饥饿、无趣的少年时光,在好书的抚慰和浸润下,变得乐趣无穷,且让我受用至今。

少年时代的一个荒唐的约定,现在想起来真是回味无穷。

第二章 / 从教

船到桥门总会直

一

六岁那年,当医生拒绝为我打针治疗时,母亲望着我日渐萎缩的右腿肌肉,抱着我号啕大哭。我也跟着哭。望着我们母子俩,父亲粗着嗓门说:"哭什么?船到桥门总会直!"声音哑成一团乱毛絮,但依然有力。

"船到桥门总会直",那是我第一次听到这句话,很新鲜,但不知其意,只是无端地觉得这是句好话。因为,母亲听了不哭了,眼睛里流过一丝希望的亮色。我本来就是被母亲"吓"哭的,属于"友情赞助"。母亲不哭,我自然破涕为笑了。

十一岁那年,有一次,父亲用小木船带着我去河里撒网。一转两转,我们的木船被桥门挡住了。这是座窄窄的小桥,小桥下是个窄窄的桥洞。更糟糕的是,这个小得只能容一条小木船过去的"关口"边,竟"蛮横"地停着三条小船。我问父亲:"爹爹,桥那边我们去吗?"

"去呀,那边的鱼多。"

"那怎么过去呢?"我望着三条挡道的木船。

父亲轻描淡写地说:"船到桥门总会直!"那种表情好像大学生面对小学生天真的提问。话音才落,父亲用手中的木桨娴熟地划了几下:

第一条木船像个听话的孩子，乖乖地在桥洞前站直了身子，父亲的木桨在它的后屁股轻轻一点，那木船怕痒似的跑到桥洞的那边去了；第二条木船，仿佛特别能学，慢慢地调整好了过桥洞的姿势，父亲手起桨落，那木船屁颠屁颠地跟随着它的"大哥"去了；第三条木船，仿佛是前两条的母亲，生怕孩子在外出事，竟借着水流，自己追了上去，由于心急，撞上了桥门，却依然不肯放弃。父亲划动了我们的船，真是怪了，第三条木船居然"跑"在我们前面过了桥门。

"原来船到桥门还真会直啊！"我像看懂了实验，自言自语。

父亲好像背过书似的，想也没想地说："那当然。哪有船一直被卡在桥洞里的？"

"那如果我们不来呢？"

"我们不来还有别人，别人不来还有别人。"父亲划了一下桨，不紧不慢地说，"人不来，天会来。刮个风，下场雨，水流起来，船总会直的。"

是啊，我不助他助，人不助天助。我若有所思。

父亲又用力撒开了渔网，瞥了我一眼，不无幽默地说："你有没有发现，近几天，你娘的脸一直'上云'（阴着脸的意思）？"

是的，我还看到娘背地里抹眼泪。我问父亲："娘为什么不开心？"

"为你啊！下半年，你要读初中了，去公社中学读书要走五里路，你娘怕你走不动。"

"没事的，我走得动！"

"她还担心你将来做什么。"父亲停了停说，"我劝她，船到桥门总会直。可你娘说我'没脑子'，想得太通了。"父亲笑着摇了摇头。

"对。船到桥门总会直！"那时，我觉得工作对我来说还是十分遥远的事，娘现在就担心实在显得太"超前"了。再说，老师们都说我读书好，将来在生产队里做个会计，起码做记工员应该没问题。我不无自信地说："将来我当个记工员，让娘放心。"

"就是！"父亲的笑很甜，仿佛我真当上了记工员。

那时，当一名生产队记工员，让自己能挣上工分，养活自己，成了我唯一的"远大"理想。

二

人绝对是最容易受环境"领导"的，所以，"山盟不可靠，海誓难以信"，这话是真理。上了初中后，人生的小船还没开出多远，我很快就改变了自己的航向。

原因缘于我迷上了看书。

我的整个读书时代是在"文革"中度过的。在"读书无用论"的影响下，学校对学生的学业是十分不重视的，我们学生有的是空闲时间。从小就喜欢听故事的我，为了寻找故事，疯狂地爱上了读书。除了必须参与文宣队在操场上的呼喊，聆听红卫兵在教室里的怒吼之外，我把所有的时间都放在读课外书上。我读了《三探红雨洞》《红旗谱》《钢铁是怎样炼成的》，一本又一本……

读多了书，我常常产生一种非常浪漫的想法，那就是写书当作家。随着年岁的增加，我的这种想法变得越来越强烈。上高中时，我终于抑制不住阵阵冲动，偷偷写起了小说。我给这部至今没有写成的小说取了一个很文学的名字——《愿》，讲三个家庭出身不同的学生不同的生活愿望，一个想做大队会计，一个想做赤脚医生，还有一个想当作家。其实，第三个学生写的就是我自己。

1977年，国家恢复了中断十年的高考制度。可以考大学了，我高兴得掉眼泪。父亲更是得意扬扬地对母亲说："你看，我说船到桥门总会直。这不，夏寿好考大学了。"

"那也要考来看（考了再说）。"母亲虽这么说，但脸上写的是"志在必得"。是的，母亲早胸有成竹了。前两天，我的班主任兼语文老师沈老师来家访时，就对母亲说过，夏寿考大学的希望蛮大的，母亲乐得合不拢嘴。

1978年一开春，我上高二（那时高中学制为两年），学校有几个高中毕业的青年教师也想去报考大学，他们自发成立了高考复习小组，利用课余和晚上时间学习功课。教政治的陈老师和教地理的祝老师觉得我文科学得好，主动把我吸收进了他们小组，和他们一起利用课余时间复习迎考。我高兴得好几夜都睡不着。

5月6日，是我一辈子都忘不了的日子。那一天，班主任沈老师一上课就宣布一件大事："这节课，我们要填报高考报名表。"听说要填表，想到自己的理想将慢慢变成现实，我的心兴奋得怦怦直跳。沈老师沉稳而清楚地说："我们班五十九名同学，经过政审，对照条件，五十八名同学通过……"沈老师望着大家，瞥了我一眼，停下不说了。

是的，要把不祥之事说流利是有困难的。全班五十九个同学，就像五十九匹待飞的马儿，有一个突然被宣布淘汰，这事摊到谁谁都伤心。我猜想这位不幸之人可能是才明，听说他有个在香港的表哥（那时候是严管对象）。他可是我的好朋友，我懂沈老师刚才看我的意思，他希望我课后能够劝解劝解他。是的，那是必须的，我不禁编织起劝慰他的话语来。

说起来，我真是个可笑可悲的可怜虫，自己这个"泥菩萨"就要被水给化了，居然还想救人家过河。沈老师在稍作停顿后，用很低沉但十分清楚的声音，很困难地说："文件规定，残疾人不能报名，我们班何夏寿同学就不能填表了……"

沈老师的话，像一个霹雳炸晕了我。

我傻了，也记不清是怎样离开教室的。

教室外的天很蓝。但我觉得这片蓝天不是属于每一个人的，至少不属于我。我没有资格享受这片蓝天，甚至没有资格和同学们做同学。别的同学品德再低劣，行为再不端，学习再不好，也是正常人，可以考大学；而我，即使年年评优秀，天天做标兵，也是低人一等的残疾人，甚至是异类。不要说进大学念书，就连高考报名的资格都没有。

回到家，我什么也没说，什么也不吃，躺在床上，流着眼泪。尽管父母"千万次地问"，我仍像个哑巴，只是用泪水诉说着我的痛苦与屈辱。当父母从才明的口中知道我被高考拒报后，母亲也跟着我哭。

父亲没有说什么，转身离开了家。直到很晚，父亲才回家。望着还在哭泣的我们母子俩，父亲狠狠地拍打了一下桌子，声音大得吓人，好像我伤心都是因为桌子的缘故。

我和母亲惊呆了，竟忘记了哭。

"别哭了！你原本就是当个记工员的。"听父亲的意思，考大学纯属我"人心不足"。

"当记工员,你说好了吗?"母亲擦着眼泪。

"我是队长啊?"父亲的声音凶得像恶狗。

我和母亲又绝望地流泪了。

父亲坐在我们对面的凳子上,将头低到了自己的裤裆下。我们三个一点声音都没有,好像一说话就会被人抓走似的。好半天,父亲终于抬起头,点燃了一根烟,深深地吸了一口,又长长地吐出烟圈:"船到桥门总会直。"父亲的声音很轻,像呢喃,好像是在对我说,又好像是在对自己说。

望着父亲铁青的脸,我的眼前浮现出那次和父亲捕鱼的情景,特别是那三条被挡在桥洞外的木船。

就这样,我终于接受了"被拒考"的事实。那一年,我还不满十五岁。

三

不过,自尊心受伤害,总是会改变一个人的心境的。有的人可能从此一蹶不振,破罐子破摔,看破人生,游戏人生,严重者会仇视、报复社会;而有的人可能会像受拍的皮球一样,你击得越重,它反弹得越高,出于自卫,本来柔软的心会慢慢变得坚强,正所谓豆腐心肠越煮越硬。我属于后者。

离开学校后,我的自尊心强到了极致。那时我暗暗发誓:上不了大学,我要做一名作家。于是,我将自己整天关在家里:看书,写作,在一些报刊上发表了好几篇散文、小小说。每逢我的习作发表,不识字的父亲就会拿着我从不超过十元钱的稿费单，像接到我的大学通知书一样，反过来调过去地看。

有位哲人说，上天关闭了你的门，会为你留下一个窗。这话我信。1979年开春，家乡的村小要招一位代课教师。面对要吃要用的现实，我产生了去当教师的念头。可代课教师也不是那么好当的，村子里还有十七个同龄人想当呢！

让谁当，不让谁当呢？村里决定：考！

考，我是不怕的，只要不设置身体条件。就是这一考，我毫无悬念地成了村里的代课教师。而这一代，还居然一辈子与教育结缘了。被父亲说对了，船到桥门还真直了。

这以后，不论是工作中还是生活中，我碰到严重程度一点也不亚于甚至有过于"遭拒治""被拒考"那样的挫折时，凭着父亲的那句"船到桥门总会直"，我春日观花，夏日听蝉，笑看院里花开花落，静观天空云卷云舒。我深深地体会到，所有的船儿到了桥门一定会直，不管是歪打正着而直、顺风漂流而直，还是水流冲击而直、贵人相助而直，当然也有碰撞得伤痕累累而直、头破血流而直，但毕竟直了。那种"直"着过桥的滋味，也许只有"船儿"自己知道，但足够了。不是所有的歌儿都得唱出来，留一些个人"专供"，何尝不是生活的另一道风景？

四

多年以后，我在一家商场无意中碰到了沈老师，那时我已是省特级教师。我们寒暄之后，沈老师问起我父亲的近况。我告诉老师，父亲已作古十五年了,并感谢老师还记得他。沈老师一脸沉重地说:"这事真是遗恨了,其实,我一直想找机会向您父亲道歉。"

我好奇地问:"您向我爹爹道什么歉?"

于是,沈老师对我讲起了我从来没有听说过的往事。那年那天我被拒考后,父亲摸黑找到沈老师家,一再央求沈老师让我报名。任凭沈老师一再解释这是政策,父亲也根本听不进半句。后来,父亲居然在沈老师面前跪下了。

"说实话,我理解你父亲的心情,但反感你父亲当时的行为。"沈老师不好意思地笑了笑,继续说下去,"我妻子见到这场面,责怪道:'侬这个老伯伯年纪这么大了,这么不讲道理的,你儿子不能报名,又不是我们定的规矩。跪在我家,以后我们家如果有晦气,要找你算账的。'"

"后来呢?"我的鼻子酸了。

"后来,你父亲赶紧起来,嘴里反复叨念着'船到桥门总会直',慢慢地离开了我家。看着你父亲佝偻的背影,我和妻子反倒深深地自责起来……"

沈老师还在说,我的眼泪夺眶而出。我回忆起我遭拒考的那天,父亲的意外"失踪",黑夜归来后的怒拍饭桌。我一直以为,父亲对我从来都是淡定从容,不急不愁,由我滚爬,任我成败,像母亲埋怨似的"没头脑"。没想到父亲的爱居然埋得比海还深,海底的宝藏早已广为人知,而父亲的爱就连最亲的儿子也没有读出,更没法读完……

"船到桥门总会直",父亲的爱和我的生命同在。

戏文里的父亲

父亲故世时，我不到十八。对于现在的我来说，四十多年没有父亲的日子，是一段遥远的时光。但父亲艰辛不失开朗，精明不失豁达，憨厚不失睿智的形象，并没有因为这似水的时间渐行渐远，最终成为抽象的父亲；相反，因年岁的增长，尤其是我自己经历了生活的历练之后，父亲的音容笑貌、举止言谈，甚至连他身上的气息，都变得越来越真实而具体。

一

父亲出生于1908年。听父亲说，祖父留给父亲的遗产是一只祖上要饭的碗，上面钉了三个"瓣"（浙江方言，意为碗上有铁钉将破裂处锔起来）。

父亲没有进过学堂，却识得很多字，这缘于父亲爱看戏文。更让我至今仰慕的是，父亲居然具有于戏里戏外自由进出的本领，能轻松自如地将二者融会贯通。按父亲的话说，"戏里故事，戏外做人"。他的学以致用，不但让我们这些子女能幸免于受冻挨饿，还让我们兄弟姐妹中的四个（大哥、二哥、二姐和我），得以入学堂读书，成为父亲引以为荣的"知识分子"。

"原来船到桥门还真会直啊!"我像看懂了实验,自言自语。

父亲好像背过书似的,想也没想地说:"那当然。哪有船一直被卡在桥洞里的?

——《船到桥门总会直》

靠山吃山，靠海吃海。我们村紧靠海边，自然以海为生。我家后门有个小天井（我们这里人对园子的称呼），约二十平方米大小。朝阳的一面，一字排开的木板上晒着海盐。有太阳的早上，父亲将从海泥里滤出的卤水，倒在木板上，让卤水在阳光下蒸发、升华、结晶。背阳的地方，是一排大小不等的水缸，长年装着父亲和哥姐们从海里捞来的虾子、泥螺。不外出做生意的日子，不管严冬酷暑，还是风霜雪雨，父亲一有空准会站在天井里，或在盐板前，或在石缸旁，看看这里，捣捣那里。每一块盐板，甚至每一粒食盐，都是父亲和哥哥姐姐们用心血和汗水写就的作品；每一口石缸，每一颗泥螺，都是父亲和哥哥姐姐们用风雨和晨昏描绘的画面。父亲与这个小小的天井，其深厚的感情，远胜将军与营寨，燕雀与暖巢。

虽说我们村里，家家户户都晒海盐、捕虾子、捉泥螺，家家户户的男当家都在做这些海产品的买卖。但在那个年代里，凡是经商，即使你做自产自销的买卖，也会被加以"搞资本主义"的罪名，继而被割除"尾巴"。

我九岁那年，"割尾巴"风越刮越猛。邻居松根伯伯、郎定伯伯去杭州做生意，不但他们的泥螺被人倒进垃圾箱，而且还落了个"投机倒把"的罪名，三年内再也不能进入杭州城。看到两位伯伯的家人抱头大哭，父亲整整两天不说一句话。而此时，我小姐姐又得了重病，口吐鲜血，整天高烧不退，医生说再不治就性命难保了。母亲以泪洗面，跑遍了整个村，才借到五十元钱，勉强凑齐了看病的费用。

父亲扔掉抽了两天的烟袋，挑着满满一担腌泥螺去杭州了。第二天傍晚，父亲空着担回来了。正常情况下，父亲的一趟生意，大约需花费一个星期,有时,长达十多天。这次,昨去今回,我们猜想父亲的腌泥螺肯定与隔壁郎定伯伯的一样,被倒掉了。父亲去卖的这担腌泥螺,有一百多斤,是父亲和大哥、二哥、大姐、二姐起早摸黑,用整整半个月的时间,到海滩上一颗一颗捡来的,可卖四十多块钱。可现在,只剩两只空桶……大姐伤心地哭出声来,母亲一劝,大姐姐的哭声反而绕梁了。而父亲却哈哈大笑,抽上一根烟,用讲戏文的语气,讲起了自己的这趟生意经:

"昨天傍晚,我到了杭州拱辰桥运河边。这次,我不去市场,去卖鱼桥小巷。刚走进小巷,'卖"吐铁"'三个字还没有喊出口,一个戴红袖章的人跑了过来。我吓得冷汗直冒,但马上我想到,冷汗不是潮水,冲不走人的。我就把准备好的辣椒往两只眼睛一擦,然后倒在地上大喊肚子疼。那个人将我扶起来,见我这个大男人痛得泪水直流,吓得不知怎样才好,赶快转身去喊'救兵',我就趁机将小桶担上底和下底抽出来对调了。

"后来来了两个戴袖章的男人。他们一个给我服十滴水(一种缓解中暑的中药),一个帮我揉肚子,还说要送我上医院。我见好就收,说好点了。两个戴袖章的发现我卖的是大米(大米不属于贩卖行列),更觉得对不住我了。先发现我的高个子的人看着我的生意桶,一个劲儿地摇着头感叹,说乡下人做点买卖真是受罪啊!我谢了他们,换了一条巷子,大喊起来:'卖"吐铁"喽——'杭州人喜欢吃腌'吐铁',这些天又严禁出卖,我刚好碰到空档,货少就奇,生意特别好做,一百多斤吐铁一个多钟头就抢光了,没买到的还后悔来迟了呢!"

我们都听得哈哈大笑,为生意的成功,为父亲的智慧。父亲的脸上满是红光,连头上稀疏的白发也随着他的讲述而轻快地舞蹈。父亲,完全沉浸于在杭州那条小巷里被男女老少抢购"吐铁"的得意与欣喜之中。

"爹,这担'吐铁'一共卖了多少钱?"大姐姐急不可待地问。

父亲回过神来,从口袋里掏出了一叠纸币,递给了一旁的母亲,不无喜悦地说:"六十七块,六十七块啊!"

啊?六十七块!在二十世纪七十年代初,六十七块简直可以说是个天文数字。

母亲刚想把钱拿进屋去,父亲发话了:"阿多(小姐姐的小名)看病的钱还掉有多的话,给松根家五块,借郎定家五块,他们两户人家都米桶朝天了,孩子又小,唉——"

母亲应了声,和大姐一起接济乡邻去了。而我,还在想着父亲故事里那只神奇的桶。

"爹,那只桶真能像抽屉一样拉吗?"我问。

父亲走到装腌泥螺的桶前,像变魔术似的,拉出了桶底一格,桶上一格。

"爹,您真聪明!"那时的我,觉得父亲简直就是发明家。

父亲摸着我的头说,人活着要会学,要会用,自己的这一招,也是跟人学的。我忙问是谁。父亲说是陈琳。我问陈琳是谁,在哪里?父亲说他是个古人,都死了好几百年了。我更不解了:"那你是从哪里跟他学的?"

父亲说:"戏文里呀!"

"戏文里也会教你做桶吗?"我更好奇了。

父亲嘿嘿一笑:"我知道,你又要听故事了。去,给爹拿把扇子来。"

父亲知道，这时候就是让我去移座山来，我也会二话不说的。

父亲摇着我递给他的蒲扇，不紧不慢地开讲了："有一个戏文，讲宋朝朝廷里有个叫陈琳的太监，出身贫苦，正直善良……"

当父亲讲到陈琳用果盒的上层装鲜果，果盒的下层装太子时，我终于明白了父亲所说的跟陈琳学做桶的大意。从父亲的嘴里，我第一次知道有个戏文叫《狸猫换太子》。这故事真好听，真吸引人！

"你说说，故事里谁是好人，谁是坏人？"父亲问。

我想了想，说："陈琳是好人，郭槐是坏人，寇珠是好人，那个刘皇后是坏人。"父亲又让我说说为什么。我根据自己的理解，东一句西一句地说了一通。父亲听后很高兴，说我记性好，吃得进，倒得出。父亲还很正经地问我："以后五龙庙做戏文，你去不去？"

五龙庙是邻村的一个庙宇，那里供奉着元帅菩萨。庙里有个很高的戏台，经常会演绍兴大板（绍剧）。我跟小姐姐去过一次，绍兴大板唱起来腔调拖得很长，唱半天才说一句话，我很不喜欢，父亲多次要我和他去看戏文，我就是不愿去。但就是我不喜欢的绍兴大板，居然能讲这么好听的故事，而且还能学到管用的知识。我来了兴趣，连声说："去的去的！"

二

这以后，父亲每次去看绍兴大板，总背着我。在父亲的肩膀上，我看到了一出一出的绍兴大板，什么《借东风》啦，《孙悟空三打白骨精》啦，《三请樊梨花》啦，《狸猫换太子》啦。在父亲的肩膀上，我看到了天地的博大与辽阔,生活的酸甜与苦辣,人情的温暖与寒冷,世道的悠长与凶险。在父亲的肩膀上,我慢慢明白了什么是人穷志高,什么是与人为善,什么是慷慨相助,更明白了父亲常说的"戏文告(教)人做人"的内涵和外延。

父亲让我看戏,还要我评戏。我清楚地记得,每次看完戏后回家的路上,父亲拉着我的手,总要问我看懂了没有,戏里谁是好人谁是坏人,或者问我喜欢谁,原谅谁,讨厌谁,痛恨谁,等等。每次我回答后,父亲也不忘在我说的基础上,谈些他自己的想法。比如,我说白骨精是个坏得透顶的大坏蛋,而父亲却说,白骨精也有好的地方。比如,她能一次一次动脑筋,她也很孝顺她的母亲,请母亲一同来吃唐僧肉。孙悟空也有不好的地方,比方说他不尊重别人,遇事大闹大吵。我觉得父亲说的也很有道理。评完戏入睡前,我会缠着父亲再讲别的戏文,父亲从黑张飞讲到郭建光,从包龙图讲到李玉和,从孟姜女讲到阿庆嫂,从秦香莲讲到小常宝……父亲的心里,藏着无穷无尽的戏文,都是我从来没有听过,但又十分好听的故事。我觉得父亲比《借东风》里的诸葛亮还聪明,比《孙悟空三打白骨精》里的孙悟空还机智,比《狸猫换太子》里的陈琳更有才。

从此,我迷上了看戏,什么绍剧、越剧、京剧,凡是戏都喜欢,这习惯一直保持到现在,我的肚子里也收藏了几百出戏文。戏文不但开阔了我的视野,丰富了我的生活,还教会了我怎样看人,怎样做人。

现在想来,父亲简直就是位优秀的教育专家。他身体力行,通过讲故事、看戏文等直观形象和生动有趣的方式,春风化雨般地把年幼的儿子领进了生活教育的大门。与此相比,墙上挂的"不愤不启""寓教于乐",在父亲的经验里都显得那样的正襟危坐、不可亲近；书上说的"科学育儿""早期开发",在父亲的字典里都显得那样的高深莫测,难以操作。父亲的"戏文告(教)人",与我日后从事的"童话教育",在兴趣为先、以生为本等方面实乃一脉相承。从这个意义上说,是父亲在我天真烂漫的童年时代,为我规划了"童话教育"的基本理念及具体路径。

三

除了教子有方,父亲还善于总结生活,并概括成许多属于自己的话。"头脑活络苦头不缺(吃)"便是其中之一。那时,我已经上了初中,完全能够联想到这是从父亲饱经风霜的生命悬崖上,流淌出来的生活寓言。

当然,父亲的"头脑活络苦头不缺",绝不是毫无主见与良知的看风使舵、投机取巧,而是充满个性与正义的深思熟虑、随机应变。正因为如此,父亲常常吃苦头,过着他真实的"戏文"人生。

遭大队长责骂便是其中之一。

二十世纪七十年代的生产大队长是个大官,权力很大。村里人自然很敬畏大队长,也很想去巴结大队长。尤其是像我父亲一样,要外出去做小生意的村民。虽说我们出卖的泥螺什么的,都是家里大人小孩从海里捕捞的,但如果人家不信你,便会怀疑你在搞投机倒把,是在搞资本主义。所以,到城里去做生意必须有生产大队给你出证明、盖公章,认定这些货物全属自产自销,方可在城里叫卖。否则,你的货物就要被没收。村里和我父亲一样做生意的人，每次去大队长那里开证明总不忘给大队长带点送点，因而关系很好。而我父亲觉得盖个章要送东西，那大队长跟戏文里的贪官有啥两样？父亲背后还说送东西的人是在害大队长。人家又不缺米少衣的，不送不害人，送了害别人。在这方面，一向"头脑活络"的父亲显得"糊涂透顶"，吃苦头自然在所难免了。

有一次，我二哥因在河里捞羊草，和同村的伙伴使用了一下生产队停靠在河里的木船，被人告到大队长那里。那个大队长二话不说，将我二哥关到大队部的仓库里，不仅恶骂了一通，还做出罚款十元的决定。十块钱，在当时差不多可买一百斤大米，村里有些人家，一个月的收入也不到十元钱。更让人气愤的是，同船的那个青年，因其父亲平日隔三岔五地往大队长家跑，居然不关不罚，一点事儿都没有。我二哥正值青春年少，在大队间和大队长评理。但大队长以"企图领头盗窃集体财产"为由，要将我二哥押送去公社，而且还说，你父亲长期搞投机倒把，上头要来好好地查一查了。

我父亲来到了生产队，先向大队长致歉，再骂我二哥不守规则，随便用船。见大队长依然对着自己大骂不休，父亲将一叠带咸味的纸币放在了大队长的办公桌上，说："大队长，侬数一数，一共十块。"

"侬这个养子不教的老东西，滚出去！"大队长气得大吼。

父亲拉着二哥的手，大气不出地"滚"出了大队间。

回到家，父亲气得整夜抽烟。而母亲"我对侬说平常要给他烧烧香，侬看……"的埋怨，更令父亲在冬天的半夜，猛然起身去屋外"吹风"。我赶快穿好棉袄，来到父亲的小天井。

我至今仍清楚地记得，那天晚上，父亲一只手搐着烟，一只手按在我的肩膀上，半天没一个字。我抬起头，借着月光，看到父亲捂着香烟的手在颤抖，眼角处闪着亮光。我叫道："爹——"

"唉——"父亲拍了拍我的肩，长长地叹了一口气。父亲的叹息太轻太弱，根本敌不过大队长响雷似的怒吼；父亲的身影太单太薄，根本动弹不了大队长山一样的身躯。

那件事情以后，父亲生了一场大病，足足病了一个月，其间，父亲没有出门去做生意，更没有唱他的绍兴大板。这以后，生产大队长扁平的长脸，成了我们全家刻骨铭心的记忆。

事隔多年，我成了村里的小学老师，那个大队长（这个时候他早就不做了）过继的女儿在我班里读书。他见到我，还热情洋溢地邀请我去他家吃饭。我只从眼角处斜视了他一眼。回家后，我把这件事说与老父听，想让父亲彻底吐出积压在胸中多年的怨气。没想到父亲听了，很平和地看着我说："忘记吧，他现在已经不是大队长了，也上了年纪，又没有亲生的（儿女），也很可怜。再说，你是老师了，要像老师的样子。"过了一会儿，父亲又加了一句，"老师对每个学生都要一样，像戏文里唱的，手心手背都是肉！"

见我心存疑虑，父亲对我说起了深藏了好几年的往事。他说他一直认为那次用辣椒水骗过戴红袖章的人好卖"吐铁"的事，两个戴红袖章的人是知道他在骗他们的。他们是同情他，故意放他一马的。这些年他一直在心里感激他们，连做梦都梦到好几次跟他们说："谢谢。""该饶人处就饶人！戏文里经常这样唱的。"父亲总结道。

"忘记吧"，这就是我的父亲，在我初入社会时，通过他的言传身教，让我懂得了生活中有一种不畏权贵、不欺弱小的人格应该追寻和坚守;"手心手背都是肉",这就是我的父亲,在我登上教坛之初,通过他的人生感悟,让我明白了课堂里有一种一视同仁、公平待人的师德应该造就和拥有;"该饶人处就饶人",这就是我的父亲,在我走到人生的十字路口时,通过他的生活积累,让我知道旅途中有一种豁达宽容、与人为善的品质应该弘扬和发展。

四

1980年的秋天,在忍受了近半年的肚子痛后,七十二岁的老父亲终于听从母亲的劝说,由大姐姐、小姐姐陪着去医院检查。这一查,医生给父亲判处了"胃癌后期,严重扩散,活不过三个月"的死刑。

为让劳碌了一生的父亲安度生命中最后的日子,家里向父亲隐瞒了他的病情,只告诉他得了急性阑尾炎,因年岁高暂时不能手术。父亲接口道:"是阑尾炎?难怪发作起来这么痛。"这以后的两个多月里,每当父亲"阑尾炎"发作,虚汗直冒,我们便一边安慰父亲,一边给父亲揉肚子。父亲总是有意转移自己的注意力,如学着《孙悟空三打白骨精》中猪八戒的腔调,唱他的绍兴大板:"想想么真开心,真真么笑煞人,老子巡山,太太平平,无妖无精。"听着父亲颤抖的声调,看着父亲惨白的面孔、深陷的眼窝、消瘦的身子,我常常"笑"出眼泪。还没等我解释,父亲笑道:"我猪八戒学得像,你都乐出了眼泪!"

我顺势附和:"对的,对的,爹的表演太逗了。"我顺手擦去"喜泪"。

父亲也笑了,说:"一唱绍兴大板,阑尾炎就好些了。"说完,父亲就倒在床上,说自己唱累了,要休息了。于是,父亲倒在床上,直喘粗气，没半天，起不了床。

我们全家人都在背后说，父亲肯定知道自己得了绝症，知道我们全家人都在瞒着他。这，就是我们面对死亡泰然自若的父亲，他用过人的睿智和敏感，淡定和通达，为了家人，硬是忍受着病痛，把阴霾的日子涂上明朗的色彩，把忧伤的剧情演出别样的欢喜。

父亲去世前的一个星期，我放晚学回家，父亲笑眯眯地在天井里修一把锄头。我问父亲："我娘去哪里了？"父亲笑着说："到昆仑山去了！"

一旁的二哥告诉我，母亲去上海舅妈那儿给父亲买药去了。这时，我才明白父亲是化用了《白蛇传》中白娘子为许仙"昆仑盗草"的故事。

白娘子的仙草救活了许仙，但母亲的"仙药"挽救不了父亲的生命。六天之后，那是个晴朗的冬日，父亲服了母亲从上海买来的药，显得精神特别好。在母亲的一再阻拦下，父亲还是背着锄头，去自留地里锄了两大畦菜地；回家后，又在天井里整理了他的小桶担。而这却成了父亲和这个世界最后的告别。这天晚上九点多钟，父亲在我们全家人的呼喊声中安静地走了，走得那样从容，那样平静，一如他唱的"老子巡山，太太平平"。从这个意义上说，母亲带回的的确是仙丹，它彻底解除了父亲所有的病痛，将父亲"太太平平"地送入了"仙境"。

送别父亲的时候，我的眼前不时出现父亲表演的猪八戒，耳边回响着父亲的"老子巡山，太太平平"。从小被家人喊作"哭作猫"（家乡方言，意为很能哭）的我，居然哭不出来——我一点也没有感觉到父亲从此和我们遥远得相隔阴阳。我总觉得父亲只是与我们小别，去天堂做生意、看大戏了。用不了几天，父亲就会回家，摇着蒲扇，哼着绍兴大板，讲他的生意，讲他的"戏文告人做人"……

母亲：我的教育家

母亲去世二十多年了，但我一直按照母亲的要求教育学生，一刻也不敢懈怠。我爱母亲，不仅仅因为她是我的母亲，还因为母亲是我最最敬仰的——一个目不识丁，却具有高超情怀和诲人韬略的"教育专家"。

一

1979年，我十六岁，村里小学要招一位代课教师。我刚刚高中毕业，一去试考，中了。母亲很高兴。

在我去学校上班的那天早上，母亲早早起床，为我请了灶君菩萨（据说是我们家乡的一种风俗）。母亲对我说："当老师说难很难，说不难也不难。只要对小人（小孩子）好，书便可教好的。"

"只要对小人好，书便可教好的。"那时候，我无论如何也没有想到，母亲这一句平淡、朴素得就像一杯白开水一样的嘱咐，竟包含甚至囊括了无数中外教育家穷其一生写就的"爱的宣言"。

当然，更为她所折服的是她对于"只要对小人好"的深刻理解及身体力行。

我领着母亲的"旨意"走上了教育的岗位。学校让我教语文，兼任

| 爱满教育 |

班主任。为了多接触小人，待小人好，我还对学校领导说："我会唱歌，能不能让我再教一门音乐？"事后，我知道，乡村小学的师资紧张得要命，有语文、数学老师就不错了。音乐、体育、美术等学科因为没有老师，连课也不开的。我主动要求，无疑给学校雪中送炭。幸亏我只会教音乐，如果我说还会教体育、美术、科学什么的，兴许校长会把整所学校的"副科"统统承包给我。

为了对小人好，我在语文课上，要求学生所有学过的课文必须会背会默；所有教过的歌，必须会吟会唱。可问题来了，唱歌倒没什么，不会唱的只是声音小一点，会唱的嗓门高一些，但学过的课文不会背的就是不会背，不会默写的就是不会默写。这不行，于是我对孩子们实施"关夜学"，背一个，放一个。有一次，我关一个孩子背课文背到日落月升，孩子的母亲打着手电筒来到学校。看到母亲，背不出课文的孩子"哇"地大哭起来。我去帮他擦眼泪，孩子竟狠狠地咬住了我的手，我用了好大的劲才挣脱。孩子趁机跑出了教室，投进了黑夜里。孩子的母亲说了句"何老师，你也真是——"，就没好脸色地转身走了。

我带着伤痛回到家。母亲看到我手腕上的大红咬印，问我发生了什么。我把满腹的委屈一五一十地告诉了母亲。母亲听后，一面轻轻地揉着我的伤口，一面对我说："其实，那小人咬你也是有道理的。"

"有道理？"我惊讶地问。

"你想想，叫你一天到晚又背又念，你会不厌烦吗？"

"你不是说要我待小人好吗？"

"那也不要强迫小人。会背的就背，不会背的可以读，再不会的让他跟你念。"母亲说到这里，拉起我的手说，"你看，手指头伸出来还有长短,哪能人人都会背的?"

母亲没有再说什么了,只是走进厨房,从锅里给我端来了热着的饭菜。我望着母亲,回想着母亲刚才说的话,若有所思。

真的,在母亲的箱子里,找不到任何一张发给母亲的奖状证书;在母亲一生的闲谈里,也从来没有蹦出过一字半句"教育应如何如何"的专业术语。但母亲这位天生的教育家,在四十二年之前,在我踏上教育岗位之初,以她朴素的语言,通俗地对我进行了因材施教的良好启蒙。时至今日,每每坐在装修精致、灯光摇曳、鲜花铺台、音乐悦耳的会场里,聆听一批接一批教育专家变换着姿态给我们宣讲尊重差异、个性教育、以生为本、以学定教的教育思想及其研究成果时,我总觉得他们在复述我母亲四十二年前对我说过的话。

那天晚上,我辗转反侧。按今天的行话来说,我开始了自己的教学反思:什么是对小孩子好?小孩子需要怎样的好?怎样做才是真正地为小孩子好?语文课怎样上才是对小孩子好?……

第二天的语文课,我用了母亲教我的方法,对于教过的课文会背的就背,不会背的可以读,再不会读的,我念一句他跟念一句。这一招还真灵,到放晚学,五十个孩子个个过关,心花大开。昨天咬我手的男孩也大声地读出了课文,显得很高兴,离开时还用他脆脆的嗓子对我喊"老师再见"。我忽然觉得班上的每个孩子都很可爱,而且都很聪明。

后来,语文课上,我根据课文的内容,在快结束时,有时给孩子们唱一首歌,有时讲一个故事,有时说一句笑话,孩子们显得特别开心。

我也更待小人好了。有一次,我上童话课文《小猫钓鱼》,我念完课文后,有一个孩子举起手,"告发"他的同桌在我念课文时做小猫捉老鼠的动作。我问原因，小男孩说，他听着听着，就想学学小猫捉老鼠的样子。我让他再做一次，那小男孩当众表演了。说真的，那孩子真是个天生的表演家，他表演的小猫捉老鼠的动作实在太逼真了。一不做二不休，我索性让那小孩走到黑板前，让大家跟着他的样，配合着我的朗读，学做小猫捉老鼠的动作。教室里乐"爆"了。就这样，我的教学生涯里，诞生了第一节读、演、讲一体化的童话教学课。课上完后，孩子们围住我，纷纷要求下一次语文课也要这样上。我问孩子们，除了小猫，你们还会演什么？孩子们七嘴八舌、又蹦又跳，有的说会演猴子，有的说会学小狗，有的说会做小熊……孩子为什么都那么喜欢演小动物？我陷入了沉思。

那时候虽然我不知何谓教育原则，更不懂得什么教育思想。但出于恪守母亲"只要对小人好，书便可教好的"的教育信条，以及实践母亲"手指头伸出来还有长短"的教育思想，我开始认定孩子与我们大人不同，喜欢学习他们感兴趣的东西，喜欢用他们所喜欢的方式学习知识。这为我日后实践、探索"童话教学""儿童文学育人"奠定了矿藏式的心理基础。

二

当然，母亲这位教育家，她高超的育人水平不仅仅体现在她的教育"理论"上，更体现在她的教育行为上。

受母亲的影响，我的课越上越让孩子感兴趣，致使有好多孩子放学都不愿意回家了。上级教育部门看我教书还真有一套，让我这个代课教师转了正。母亲更高兴了。

二十世纪八十年代初,刚刚改革开放的乡村里,有好多村民开始到大城市里去创业。家里的小孩子托给谁最放心?小孩子都对父母说要和我生活在一起。于是有家长找到我家,掩掩盖盖地表达了这层意思。我还没有表态,母亲先开了口:"好的,好的。我儿子转正了,一辈子就教书了。你们出去赚钱好了,你们的小人就放在我家,我们会照顾好的。"

就这样,从1985年至1994年母亲去世,母亲先后成为我八位学生的奶奶。

说是奶奶,主要是从母亲的年龄上说的。母亲生我时已经四十五岁了,我十六岁走上教育岗位时,母亲已经六十一岁了。孩子们寄居在我家,自然称呼我母亲为奶奶。但事实上,母亲为这八个孩子所做的一切,却是母亲式的。她每天为孩子做三餐饭,为他们缝补浆洗四季的衣服,还照料他们晚上睡觉,特别是孩子们生病时还送他们去医院,等等。

记得有一天晚上,有一个跟我母亲睡一张床的小男孩,半夜肚子痛得哇哇大叫。七十二岁的母亲那几天也正咳嗽,为了不影响我的睡眠,母亲一个人背着孩子下楼,准备去医院。由于心急,母亲开门时不慎碰落了门闩,我醒了过来,起床用自行车将孩子送到医院。而母亲一个人深一脚浅一脚地步行了一个多小时,来到镇上医院看我们。她见到我们第一句话便问:"痛止住了吗?"母亲一面劝我回家睡觉,一面帮正吊盐水的男孩揉手腕。为了第二天能正常上班,我回家了。我把病孩留给了年迈的母亲。后来,那男孩告诉我,我走后,他吐了一地,奶奶又是帮他擦脸又是给他拍背,一直忙到天大亮。

| 爱满教育 |

一位跟孩子非亲非故的老人，一位目不识丁的老人，以她对教育独特的理解和实践，时时演绎着教育博爱、豁达的真谛。

三

1994年5月26日傍晚，因患食道癌处于弥留之际的母亲，用她微弱的声音问我："你们学校明天要去镇里跳舞吗？"是的，前两天，我对母亲说过，这些天，我有点忙，为庆祝六一，镇小学要举行文艺会演，我们学校在排练大型合唱节目。我是拉手风琴的，得一遍一遍地和孩子们合。看着瘦得只剩骨头的母亲，想想母亲来日不多，能陪一天就算一天，我撒谎道："镇里后来取消了。"母亲望着我，不再说话。

半夜，母亲突然呼吸急促，脸色惨白。我握住母亲的手，大声呼喊，但无济于事了，母亲的呼吸停了。那惨白，像流水一样从额角一下子滑落到眉头、鼻梁、唇角和下巴……

第二天一大早，我在母亲的遗体前拜了两拜，随着学校的车去镇上参加六一会演。按照我们当地的风俗，家里双亲去世，子女至少在"头七"不能唱歌作乐，而我居然要赶剧场，而且还要拉手风琴。这无疑是对母亲极大的不敬不孝。但我知道，我必须去，这是母亲的意思。可能谁也不会知道——我们母子心灵相通。母亲之所以走得这样坚决，是因为母亲知道，她不走，我就会以"镇里后来取消了"为借口，陪着她；母亲之所以走得这样安静，是因为母亲想静静地聆听儿子拉响的乐音和孩子们清丽婉转的歌声；母亲之所以走得这样从容，是因为母亲完全相信，她已经把她的儿子引入了至真至善的教育航道，不管旅途上是鲜花

"那也不要强迫小人。会背的就背,不会背的可以读,再不会的让他跟你念。"母亲说到这里,拉起我的手说,"你看,手指头伸出来还有长短,哪能人人都会背的?"

母亲没有再说什么了,只是走进厨房,从锅里给我端来了热着的饭菜。我望着母亲,回想着母亲刚才说的话,若有所思。

——《母亲:我的教育家》

遍地还是阴霾密布,她的儿子都已经深深地懂得了"只要对小人好,书便可教好"的内涵与外延。

送别母亲的场面也很特别。送行的队伍里,除了我们这些母亲的亲生儿女、媳妇女婿、外甥内侄等亲亲眷眷,还有一大帮孩子,有上了大学的,有正在读高中的,还有系着红领巾的小朋友。

母亲生前多次说过,"不看少时出嫁,要看老来送丧"。母亲的意思是年轻时出嫁多少含有未定性、不自立之意,哪怕十里红妆、良田三百都不足为荣,而老去后出殡的仪式,才是对一个人一生最好的评价与纪念。作为母亲的儿子,我深深地知道,在母亲长长的送别队伍里,每一个孩子,每一位家长,都是母亲用大爱与大善写就的作品;每一个叩头,每一朵白花,都是母亲最美的风景。母亲,一个从未上过学堂、目不识丁的农村妇女,享受着这一份因"善对教育"而带给她的体面与尊贵。

老师领我进了门

活到知天命的年龄，闲下来总爱打开记忆的"放映机"，回放一些记录在生命中的"城南旧事"。也许相隔的时间太久，或者回放次数过多，心灵的触角渐渐麻木，好多当年令人动容的人和事，好像左手握右手似的，平淡无奇，毫无感觉。但不知为什么，每当放到这个场景，放到这张亲切的笑脸，心中依然有暖流滑过，让我怦然心动，甚至还想流泪。

一

这个场景是课堂，这张笑脸属于周鹤龄老师——一位五十来岁的中年男子。当然，在认识他之前，我是不知道他的名字的，更不知道他是我们上虞县小学语文教研员。那是1983年，我二十岁，在家乡前庄村小已经代了四年课。

也难怪我孤陋寡闻。我们做代课老师的，即使理想大得如同搏击长空的鸿鹄，但命运依然飘零得如同风雨天借住在人家屋檐下的燕子，有一阵算一阵。不是燕子不爱家，不恋家，而是别人根本不让"爱"、不让"恋"，甚至根本不允许你有这样的想法。

有一次，我们学校要派三位老师去乡中心小学听课。以往听课的人选都是校长指定的，这次校长说，要去听课的老师们自己先报个名，省得想去的没去成，不想去的像被抽壮丁一样，无奈地去。

我觉得校长的安排无异于商鞅变法，我从心底里叫好。代课四年了，我还没有到外校去听过一次课。每次有外出听课的机会，总是排资论辈的，看谁的年龄大，比谁的教龄长，无论怎样也轮不到我。而每次听课回来，老师们总会抱怨这不方便，那不划算，似乎外出听课对他们来说是出去遭罪。那时，我默默地想，要是让我出去听课，我一定对学校感恩戴德！这下好了，允许老师报名，这简直就是天赐良机。

那时，我们学校才十位老师，包括校长在内，都挤在一个办公室里。校长的话才落，我第一个报名："校长，我想去！"

校长很惊讶地望着我，那眼神仿佛是正在安详地休闲的人面对突然闯进来的异客。我再看看其他老师，他们的表情，庄重得就跟庙里供奉的神一样。就连我小学时的班主任丁老师，也用极不自然的眼神看着我，似乎想告诉我什么。

空气，静默得凝固了。

"夏寿想去就让他去嘛！"声音里有点笑意，但不柔软，甚至有点针样的扎人。说话的是金老师，学校教务主任，也是学校的内当家。那时，我已经读过《红楼梦》，我常常无端地将她和小说里的王熙凤联系起来。她是学校里见过最多世面的人物，常常外出，当然也常常畅谈外出后的感受，多数以控诉外出让她学不到什么、顾不上看管儿子为主题，大有她为学校舍小家之意。虽然，老师们在背后对她的言行颇有微词，但毕竟她大权在握，加上她在教学上确有一手，因而，她在学校的地位之高、声望之响，恐怕连校长也要让她三分。

"大家怎么不报名？"校长仿佛根本没有听到我的话。不，他是听到了的，但我的报名根本不是他想要的报名，甚至我还够不上格报名。

我的心敏锐得如同温度表。我羞愧得出了一身冷汗。

"如果没人报名，那还是金教导作为学校代表，辛苦一趟！"校长的话，像勉励出征的战士一样，殷切而期待。金老师的点头那样神圣、庄重，让人深深地感谢她再一次血战沙场，不辱使命。

报名会就这样散了。我的脸烫得像火在烧。我逃出了办公室，在学校食堂里，打了一盆井水，直往脸上泼。

丁老师来到了食堂，给我递上了一块毛巾，让我擦擦脸，大冬天的，当心伤了身体。

"夏寿，你报什么名哦！"丁老师像母亲一样数落着我，"你是代课的，一年聘一次。上次，校长不是说，下学期可能有一位新的公办老师要分进来。"

我的心一阵抽搐。说实话，代课的工资每个月才二十四元，我不稀罕。但我已深深地爱上了班上的孩子，只希望自己能再代两年，将这批从二年级接手的孩子带到毕业，这样即使被学校辞退了，我心里也会好受一些。

丁老师的提醒我是知道的，那是上个月的星期一，校长在全体教师会上说过的。

"可是，我只是想去听次课。"我对丁老师诉说着心中的怨气。

"那也不行。你想想，下学期也许不再留你做老师了，还派你去听什么课？"丁老师索性打开了天窗，"你一出去听课，你的课要有人替你来代，人家会愿意吗？学校要给你报销出差费，学校有必要吗？"

丁老师说得很对。她到底是我一直敬仰的老师,从小看着我长大,又看着我做上了代课教师,成为她的同事。丁老师是十分清楚我的情况的,她饱含深情地说:"民办教师有可能转公,代课是没出息的。你写写唱唱都不错,开年后,还是去考乡文化员吧,那可是大集体编制的。"

可是,对我知根知底的丁老师还是不了解我。三年课代下来,我和孩子们已经成了鱼和水,或者是水和鱼,离开学校,离开孩子,我估计我不死也会活得很难。

天啊,救救我!我在心里祈祷。

二

报名之事过去大约两星期后,有一天,校长在办公室里对大家说:"刚刚接到通知,明天,县教研室语文教研员周鹤龄老师,要到我们学校听老师上课。"

周鹤龄,这是我第一次听到这名字。我觉得这名字取得很特别,在我的想象中,这位老师应该是个鹤发童颜的老人家。

听说县教研员要来听课,老师们的表情紧张得如临大敌。见过大世面的金老师补充道:"周老师对课要求特别严。上课时,老师哪怕有一个字读错,他都会挑出来,批评你误人子弟。"被她这么一说,大家一个劲儿地央求校长不要安排周老师到自己班里听课。另一位年龄稍大的金姓女老师,半是玩笑半是当真地说:"我一听周老师来,就紧张得想上厕所。真要安排到我这里,明天我要麻烦大家来厕所里救我。"

"可是,周老师来听课这事已是板上钉钉的事,谁能替学校承担一节课？"校长好像也被大家说得乱了方寸。他的话，不像平常那样威严有力，说得几近央求了。

我听到大家有点走了样的呼吸声。

不就是上节课给人家听吗？用得着这样如上刑场似的吗？我真想替大家"革命"，可一想起上次报名的事，想起丁老师对我说的话，我打消了充当"英雄"的念头。因为，人家不需要我去"革命"，也不准我去"革命"。

终于，在万方仰望之中，金教导以学校声誉为重，掷地有声地说："我来上一节好了，否则学校太没面子了。"

我们都佩服金教导关键时刻挺身而出。

第二天早上，一到学校，金教导就红着眼睛，说昨晚课备到子夜一点多，梦里还在背教案。校长和全体老师都感谢金教导拯救大家于上公开课中。为此，治校一向严谨的校长主动对金教导说："上午回家去休息一下，准备下午好好'亮相'。"金教导当然以学生为重，坚持不下"火线"。

在全校老师的众志成城之中，传说中的周鹤龄老师在乡中心小学校长的陪同下，降临在我们学校。

周老师其实并没有和他的大名一样，鹤发童颜、老气横秋，倒是凝重干练、潇洒英俊。他大约五十多岁，眉清目秀，身材不高不矮，不胖不瘦，长得跟精心定制出来的模型一样，恰到好处。他的声音并不粗壮厚重，而是清脆响亮，像是雨落春池，又像是夏风过荷，富于质感，动人心弦。我大胆地用目光向周老师问候，可周老师的目光只是礼节性地扫过了我，并没有和我对接。

周老师显然和金教导很熟，和校长寒暄之后，他对金教导说："金冬梅，等会儿是你上课吧！"

金教导笑得像朵花，一面问候周老师，一面说学校小，老教师多，大家都害怕上课，只好由她献丑了之类的谦辞。

"我看你们也有青年老师啊！"周老师好像对金教导的话并不太感兴趣，他望着我对校长说，"这位老师贵姓，是新分配的？"

"他——"校长迟疑了一下。

我的脸一下子发烧了。

"周老师，他是代课的。"金教导的声音，就像一只皮球似的，碰到对面的墙上，又从墙上弹回来，砸到我的心里。

我收回了刚和周老师对接上的目光，自卑地低下了头。

周老师"哦"了一声。大约停了几秒钟，我听到周老师从空中穿过来的声音，像一根透着清香绽着嫩芽的柳枝，不偏不歪地落在我的身上："让他上节课，我听听。"

"他是代课的。"这回是校长在强调。

"有'教'无类嘛！"周老师的话，包裹着春天的阳光，音量不高，但节奏分明，像是在敲门，一下，两下，三下……

我的心门被周老师敲开了。于是，周老师和校长稍作商量后，临时决定，第一节我上课，第二节金教导上课。

说实话，我的想象力是比较丰富的，但无论如何也想象不到周老师会主动提出听我的课，我高兴得如同民间故事里的呆大抢到了绣球，甜得就要醉倒了。

但是我提醒自己只能醉不能倒。眼见周老师和校长他们搬着凳子走

| 爱 满 教 育 |

进了我们五年级教室,我的大脑慢慢地指挥自己的神经放松再放松。稍做镇静后,我决定就上《大仓老师》。

上课铃响了,我看到孩子们望着教室里的陌生老师,一个个紧张得两只手不知放到哪里。为平息情绪,我对孩子们说:"今天咱们班里来了几位客人老师,我们唱个歌欢迎他们,好不好?"没等孩子们说好,我就唱开了:"静静的深夜星光在闪耀,老师的房间灯火明亮……"我听到孩子的歌声,像小河的流水一样,哗哗啦啦地跟了上来。

在一曲《每当我走过老师的窗前》之后,我开始揭示这节课的课题——《大仓老师》。

我一向喜欢文学,对于作品中人物的理解,从不套用参考书里的标准解读,而一贯突出其多元性、体验性的文学意味。我清楚地记得,这节课里,我用"给大仓老师画个像"这一游戏式的教学形式,鼓励孩子们通过读课文、品课文,结合自己的想象,用语言给大仓老师"画像"。有的孩子说是平易近人的大仓老师,理由是他对富孩子和穷孩子一视同仁;有的孩子说是一本正经的大仓老师,因为他话不多,不苟言笑;有的孩子说是关心穷人、爱护弱者的大仓老师,因为他根本不把富家子弟山本春美放在眼里;等等。课堂上,孩子们踊跃发言,十分活泼,我只是要求孩子们,用书中的话来支撑自己的"画像"。在课结束之前,我临时想到了一个小练笔,让孩子将自己要对大仓老师说的话写下来。

课一结束,周老师显得十分兴奋。他快步从教室后面走到讲台前,握住我的手,像是遇到老朋友似的,把我拉到了隔壁的办公室里,当着全校老师的面,激动地说:"你的课,放到全县去上,都是数一数二的。"

周老师的夸奖夹杂着飘香的花瓣,我觉得自己也和花瓣一起在舞在飘。

"可惜他是代课的。"

金教导的话,依然柔中带刺,让我终于不因得意忘形而越飞越高。

周老师好像没有听到金教导的话,只是关心地问我一些问题,诸如喜欢读什么书、喜欢写什么文章等,我一一作答。周老师频频点头,仿佛他这次下来就是来听我的课、听我的回答的。由于他把心思集中在我身上,以至于要不是校长提醒,他都忘了该去听金教导的课了。

金教导是学校的当家花旦,她的课自然上得不错。在接下来的由全校老师参加的评课环节中,周老师充分肯定了金教导的课,但每一个在座的老师都明白,对于我的课,周老师是偏爱有加的。他从目标的定位、教材的处理、教法的安排和师生的互动等方面,一一加以梳理、点评,夸得我阵阵发热,听得金教导的脸一会儿红一会儿白。说实话,我真希望周老师将更多的赞美送给金教导。因为,对于久寒的我,一缕春风就足够暖心了。

这次活动结束后,天色已经不早了。金教导很热情地邀请周老师到她家吃饭,说她老公也姓周,认识周老师。周老师喜出望外,答应去她家吃晚饭。

就这样,我与周老师握手告别,心中充满了不舍。

晚饭以后,我正在灯下记录这光辉的一天,我的学生金森祥气喘吁吁地跑到我家,说是他家隔壁的金老师让他来找我,叫我马上去她家,县里来的周老师叫我过去。

这么晚了,周老师难道还没有回家去?我跟着金森祥来到了金教导家。是的,周老师正笑眯眯地坐在金教导家,和金教导的丈夫聊天。见我过去,周老师起身把我拉到他身边,让我坐在他旁边。我忽然觉得周老师的笑脸,有点像我父亲的。

"夏寿,"周老师的声音好听得就像抒情散文,"明天,我要到隔壁一个乡听课,金教导叫我晚上住在她家,我请你过来,和我做个伴,可好?"

我感动得只是一个劲儿地点头。

这天晚上,我和周老师躺在一张大床上,谈了很多很多。我讲了自己艰难的代课经历,也讲了自己如何强烈地喜欢孩子。周老师鼓励我在语文教学上探索适合自己的路子。他还说,有个教学原则叫"有教无类",这是对学生而言的,但他认为也适用于教育对各类老师的希望。"是金子总会闪光的,只要你在教学上做出成绩,我相信代课也是可以代长的。"

我们就这样同床而谈,拥被而眠。看多了民间故事的我,还不时地咬咬自己的手指头,确信自己真和周老师睡在一个枕头上,并没有做梦。周老师也根本不是某个仙人,因为我听到了他轻微而有节奏的鼾声。虽说外面正是隆冬时节,但我觉得被子里特别温暖。我将手伸到被子外面,黑暗中,我感觉到周老师几次将我的手放回到被子里。我终于让憋了一天的眼泪,放肆地流淌在这个美好的黑夜里。

三

一星期后,我正在办公室改作业,校长神秘地把我叫到外面,对我说:"接到乡小通知,说县里要在谢塘镇小举行语文教学活动,周老师叫你去上《大仓老师》。"

我的心激动得怦怦直跳。我知道校长叫我出来,是怕伤到办公室里金教导的心。

其实,我们的担心根本没有必要。事实上,她比我们任何人都早知道这回事。这天放晚学后,办公室里只剩我们两个。金教导和颜悦色地对我说:"夏寿,刚才校长是不是告诉你去上课什么的。"

"是的。"

"到谢塘镇小上《大仓老师》?"

"是的。"我问,"你知道了?"

"周老师上次在我家吃饭时就告诉过我了。"

"上次?"

"对啊,就是他和你睡在我家那次。"金教导用十分平和的语气,不无真诚地说,"周老师真是个好人,他为人处事很公正,特别爱惜好老师,他那次实际上是到下面学校选拔到县里上课的老师的。他觉得你的课上得比我好,就决定请你去上课。但考虑到我的感受,所以特地留在我们家做我的工作。其实,他根本就用不着做我的工作,他是教研员,想请谁上不请谁上,还不是他一句话的事。"金老师说得十分动容。

我听得鼻子发酸。

"好好准备准备,有需要,我会帮你的。"金教导的话像春风掠人。我第一次感受到,原来高傲威严的金教导竟是如此和蔼可亲。

从此以后,我的课走出了校门,走出了乡门。在周老师的精心指导下,我成了上虞县的上课"明星"。1985年,我这个代课老师居然拿到了上虞县语文教坛新秀的大红证书。再过三年以后,我被县教育局破格招收为公办老师，正式走进我心仪已久的教育之门。

今天，当我站在全国好多灯光摇曳的上课舞台上，面对着台下几百甚至几千双明亮的眼睛，我会感受到，其中有一双饱含着赞许与鼓励的目光，像聚光灯一样，暖暖地追随着我，柔柔地包裹着我。不管我身在何方，只要我在课堂上，这目光永不暗淡，永不消逝。

不是别人，那是我的恩师——周鹤龄老师的目光。

"我去说说看"

一

约莫二百多人的会场里,县少先队总辅导员张杏云老师站在一条印有"全县少先队工作大会"的大红横幅下,神采飞扬地点评着我的"小树祭赖宁"活动。

那是1988年5月,为响应国家少工委关于"向赖宁学习"的号召,我设计了一个少先队活动:被赖宁所救的一棵棵小树,都深切地怀念着奋不顾身、见义勇为的赖宁,并以自己的成长回报小英雄的救助之恩。

也许是因为站在沾满喜气的红色条幅下,又或者是因为对"有志不在年高"的赞许,两鬓泛白的张老师满面红光,用他一贯洪亮的嗓门说:"何夏寿老师的活动,用童话的形式,从小树的视角,还原了赖宁救火的动人壮举,表达了少先队员向英雄学习的决心。活动设计有创意,有特色,获得这次县少先队活动设计类第一名。"

在全场不知道是送给张老师还是赐予我的掌声里,张老师把手高高一扬,会场一下安静了下来:"县少工委决定,下半年的活动,我们就去何夏寿所在的前庄小学,现场观摩'小树祭赖宁'大队活动……"

张老师的声音很富有感染力,可无法感染我:下半年到我们学校搞活动,可下半年我还在学校吗?昨天,我们连校长就郑重地对我说:"上面正在清理代课教师队伍，下半年，我们学校将有师范生分配进来。你可能无法再代课了……"

我知道，我们一所不到二百人的小学里，已经有十位老师了，再分配一个，无疑要"清"掉我这个代课的。这一点我十分清楚，我们连校长几乎每学期都要给我"提个醒"：代课总是临时的，你还是另寻高职吧！

当然，张老师是不知道的。

会场散去，我揣着怦怦乱跳的心，壮着胆来到了张老师的办公室。那是一间到处堆放着书籍资料的小房间，要不是靠窗有张暗黄的办公桌，我还以为走进的是资料库。

这是我第一次近距离见到张老师。

见我进去，张老师有点意外地从办公凳上起身，热情地招呼我："夏寿，请坐！"他把一条方凳端到我的跟前。

"张老师，"我低下了头，空咽了一下，很困难地说，"感谢您对我的肯定。可是，我是代课老师，下半年我不代课了……"

张老师听后，眼里掠过的是惊讶，仿佛在说，原来你是代课的？可是，我听到的却是和这眼神完全相违的话："我知道。你喜欢教书吗？"

"很喜欢的！"我脱口而出。

"喜欢就好。"张老师好听的男中音，像一缕明艳的阳光，射到我密布阴霾的心田，"你们的校长，我认识。我去说说看，这么好的人才，应该继续留下。"

我也算是人才！我满脸发烧，但张老师的每一个字，都种到了我的耳朵里，我激动不已。那时我想，人家张老师是全国有名的少先队工作专家，要是他肯到我们校长那里"说说看"，那我留在学校继续代课肯定没问题。

二

平心而论，我们连校长对我一直印象不错，时常在教师大会上表扬我的语文课上得好，少先队活动开展得有创意。但我留心地发现，自从我和张老师对过话后，我们校长对我态度更好了，连看我的眼神、对我说话的口气，都充满赏识和肯定，和风细雨似的。

有一次，我对校长说："我们学校办个红领巾广播台。学校只要买个高音喇叭，我负责采编和演播，这样，可以把我们少先队的工作信息及时向全队队员传播。"

校长一听就堆起灿烂的笑。毕竟是校长，统揽性更强。他高兴地说："对，除了少先队，学校工作也可以通过广播宣传出去。到时，高音喇叭一响，周围的老百姓也可以了解学校的事了。"

就这样，在我们乡，我们前庄完小办起了第一个"红领巾广播站"，很受人喜欢。我有一个朋友在乡广播站工作，她知道后，写了一篇广播稿，在县广播站播出。张老师知道后，给我写来了一封信，表扬我为县红领巾工作带了个好头。

幸福有时也爱凑热闹。几天之后，《上虞日报》上刊登了县首届"少先队十佳辅导员"的评比结果，我居然位列其中。当我们校长把这份珍贵的报纸送到我的手上，并向我表示祝贺时，我激动得热泪盈眶。

因为张老师和校长"打过招呼"，再加上我当选了县首届"少先队十佳辅导员"，后来，我们校长再也不提下半年新老师分不分进来的事了。我终于吃下了定心丸，舒舒服服地过完了整个暑假。

这一年秋季开学，我们前庄完小真分配了一位公办教师来。不过，学校还是继续请我担任代课教师，校长也没有向我解释什么，仿佛一切与我无关。我心里感谢张老师一千遍！

可代课终究不是长远之计。代课教师，就像生活在人家屋檐下的燕子，别人同情你就让你垒个窝，不高兴时，将你整个窝扔到九霄云外去。随着年岁的增大，我也开始为自己的将来着想，特别是为工作的稳定性担心。

有朋友给我带来了乡文化站招考文化干事的信息，并且动员我："你文笔不错，可以去参考。"

我心里痒痒的。

那一天，张老师刚好来我们学校落实队活动，当他听完我的想法后，半天没有表态，只是紧皱着眉头。那神情，让我联想起电影里面临一场十分重大的战役时一脸凝重与严肃的指挥官。突然，张老师的双眉一挑，像是下了决心："这几天，我去找找教委主任，问问能否转正！"

"转正？"我像是听到了天籁之音，但就那么几秒，我马上便坠入了现实的泥潭，"我不是民办教师，张老师。"

那时候，国家已经开始清理教师队伍，对于1978年以前任教的民办教师，采用"三管齐下"的方式进行整治：一部分清退，一部分入师范进修，还有一部分转正。我是1978年以后教书的，说好是代课教师，享受不了民办教师的政策。我的去留，就像菜市场里的小菜，听凭买主发落。至于转正，不说痴人说梦，至少也是癞蛤蟆想吃天鹅肉。

张老师找没找过他们,有否"我去说说看",实在已不重要。重要的是,在我人生的小船遭受风雨,去留无主、进退两难之际,张老师的信任和鼓励,给了我足够的勇气和毅力、自信和激情,让我能把持这一叶扁舟,穿云破雾,勇往直前……

——《"我去说说看"》

"我去说说看，像你这样优秀的代课教师完全可以转正嘛！"张老师说这话的时候，仿佛正面对一项十分崇高的事业，表情严肃，眼神庄重，"红领巾事业需要有爱心、有事业心的人来做，你已经是绍兴市优秀少先队辅导员了，又是我们县里的'十佳'，离开学校多可惜，简直就是浪费人才。"

"我，人才？"我自嘲地摇着头。

"要对自己有信心！"张老师拍了拍我的肩膀。

我不太有自信，更不认为自己有什么本领，但我相信张老师对我的信任和关切是出自内心的。要不是他，我想我不可能至今还可以代课。

"我去说说看！"张老师的话，像是一块巨大的磁铁，牢牢地把我吸在代课教师的岗位上，吸引在少先队工作的天地里。

三

接下去的日子里，我在全乡、全县范围内，开展了许多少先队活动观摩课。从小队活动，到中队活动，再到大队活动，我的童话创作风格在队活动中得到了充分的展示，我设计的一大批活动在少先队省市级的比赛中频频获奖。

1988年底，一个很暖和的冬日，县教委来了一个业务考核组，说是要对我进行上课、备课等考核。"为什么考核不清楚，应该是好事吧！"带队的干部模糊地说。

教委派人来考核一位代课教师的教学业绩，这可是上虞县教育史上没有过的，校长感到很意外。是的，校长不知我和张老师曾经有过的交心，更不知张老师对我说过"我去说说看"。只有我能体会到，这一切肯定跟张老师的"我去说说看"有关。如果真是这样，那么就跟我转正有关了。想到这儿，我紧张、兴奋、激动，百感交集。

因为心里有张老师这座"靠山"，那次考核课，我上得特别自然流畅，活泼轻松，效果很好，考核组老师频频称赞。

一个星期后，我接到了县教委将我转为公办教师的大红通知。我像接了圣旨一样，差点大喊万岁了。

第二天，我请了假，带了一大包喜糖，坐了一个小时的汽车，来到了县少工委。张老师仿佛很意外，望着我递上的一大堆花花绿绿的糖果，问我有什么喜事。

我诧异了："我转正不是喜事吗？"

"哦，转正了！喜事，这是大喜事！"张老师笑成了一朵花。

"张老师，谢谢您！"我恭恭敬敬地向张老师鞠了一躬，"要不是您找我们校长，找教委主任，肯定没有我的今天。"

听我说完，张老师哈哈大笑起来。那笑声，仿佛是百思不得其解而终于得了解。他把我拉到他对面坐下，一本正经地说："夏寿，既然你已转正，我就实话实说。我是说过找他们，但想想都不合适，最后都没去。你能转正，说明你的实绩令人折服，是金子总会闪光的！"

像是突然听到有人告诉我，你居住的地方不是地球而是火星似的，张老师的话，让我一下子蒙了。我注视着面前这个慈眉善目、和颜悦色的老头，激动地站了起来："不可能的，要是您没去说，没去打招呼，我不会有今天的！我的谢意，张老师您是受之无愧的！"

张老师笑笑，随手剥开两颗喜糖，一颗送进自己嘴里，另一颗递给我，笑道："这糖很甜，你自己也吃一颗吧！"

我还想问下去，可张老师开始对我说其他事了。

多年以后，我成了学校校长，成了一名特级教师，老校长因年纪问题而退职，当年的教委主任也成了我频繁接触的可敬长者，我有太多机会可以弄清楚当年张老师有否为我找过他们，但我什么也没问。因为，我觉得张老师找没找过他们，有否"我去说说看"，实在已不重要。重要的是，在我人生的小船遭受风雨，去留无主、进退两难之际，张老师的信任和鼓励，给了我足够的勇气和毅力、自信和激情，让我能把持这一叶扁舟，穿云破雾，勇往直前……

第三章 治家

嫁给教育

一

常言说得好,靠山吃山,靠海吃海。我教学生,还真"吃学生"了。

给我和妻子做成大媒的,不是朋友,不是媒人,也不是家长,更不是婚姻介绍所,而是我班上十岁的学生金港。

那年,我二十二岁,我的学生金港,给我捎来了村幼儿园教师陈桂珍给我的求学信:她想学风琴,希望我能教她。

那时,我情窦初开,她芳心萌动。弹琴之余,不忘谈情,到后来,我们弹琴谈情,谈情弹琴,琴情相长。

经过长达八年时间的考验,我们终于喜结良缘。那时,她早已不做老师,而是被录用为公务员。实在难得她将生命托付给了教育人。

结婚之前,我们家就我和母亲两个人,当然这是从法律意义上说的。而事实上,我们的家庭成员还应该包括和我们母子生活在一起的六个学生。他们中有上小学的,有念初中的,甚至还有读高中的。这些"家底",桂珍是知道的。我这些学生生日的时候,她会送些小礼品,以祝福的名义分享孩子们的快乐。毕竟,我们的媒人是我的学生嘛。

婚前是一回事,婚后又是另一回事。结婚无疑是双方人际关系的裂变和整合,"一朝天子一朝臣",不无道理。母亲毕竟是母亲,在我结

| 爱满教育 |

婚之前的一段日子里,她就远瞩到"山雨欲来",对我们家六个"常住人口"一一吩咐:"以后何老师家人多了,你们在读书上有问题,何老师就上你们家去。"我知道母亲是爱孩子的,何况这些孩子长期生活在我家,拒绝的话说得不轻松。望着孩子们天真稚气的脸上写满了不舍,我装作若无其事地说:"没事的,大家照样来我家。"

我的话像沙漠上的草,根不是太实。

转眼到了我的婚期。村小学的师资是十分紧张的,如果一个老师生病请假,这个老师带的班这天就只能停课。因为,一个萝卜一个坑,萝卜没了,留个坑无非就是积水,而积多水是要坏事的。

前些日子,学校里就发生了一件事:因为我的一位同事请病假,他班上的孩子不得不停课,结果有个孩子不慎掉到一个石灰坑里,幸亏被路人发现,才捡回了一条小命。

结婚第二天,我便出现在早自修的课堂上。孩子们雀跃,况且我给他们分了喜糖。可是一查,任金江没来。

这孩子的父母都在上海打工,孩子和奶奶生活在一起。

我问孩子们:"知道任金江去哪里了吗?"有孩子说,任金江昨晚回家时就肚子疼。

放午学时,我去了他家。

任金江的奶奶开了门。孩子是病了,他的小脸红得就像炉膛里烧旺的煤饼。我将自己的额头和他的一贴,感觉自己快被引燃了。我急了,用自行车带着孩子,将他送到了镇上卫生院。医生说孩子得的是急性黄疸肝炎,需要好好调养。

请谁去照顾他呢?我知道金江的姐姐才大他一岁,他的奶奶眼睛有问题，显然不能很好地照看他。我想到了把孩子交给我母亲，叫母亲照顾几天。可是，想到自己现在已经结婚了，再去管这些"分外"之事，我担心桂珍反感。

吃晚饭的时候，我把任金江的事说给桂珍听。她听后，脸上满是同情："这孩子可怜，你把孩子带到咱家来。"

我心里一阵感动，差点喊出"老婆万岁"来。

我将任金江接到了我家。桂珍为他下了一碗漂着鸡蛋花的面条。面条是我的学生吃的，但甜的却是我的心。

人的一生不断地做着选择题。我第一次为自己选择了一个理解教育、善待孩子的妻子而自豪。

二

我们家儿子三岁的时候，任金江的姑爹夏百荣找到了我家。因为他们夫妻俩长年在外承包工程，没法顾家，更没法照顾孩子读书，希望我们能让金江和他儿子飞江，住到我们家来，让我们在学习生活上予以照顾。

那时候，我母亲已经作古。

虽然我同情他们，但我知道，让他们生活在我们家，不像说说那么简单，今后生活的琐事可多着呢。再说我自己的儿子嗷嗷待哺，这根本就是泥菩萨过河的事。我决定推辞。就在我开始婉拒的间隙，桂珍却爽快地答应了："一起来好了，没事的。"

就这样，我们家的常住人口里，又多了两个我的学生。

既然答应人家住进来，成为我们的家庭成员，可想而知，我和桂珍要付出多大的精力。每天，桂珍总是不到六点起床，为我们自己一家三口和金江、飞江洗涤衣服，接下来是做早饭。等到我和金江、飞江吃早饭时，桂珍要叫醒儿子，给他穿戴、洗漱、喂食。好几次，我都对桂珍说，这样下去不行，我们自己会被拖垮的。

眼见桂珍整天一副没精打采的样子，我终于对金江说："你家里有姐姐，下周起，是不是就跟你姐姐过？"

金江读六年级了，人也聪明，特别理解我的难处，他懂事地说："何老师，我知道了。"

这一天吃晚饭的时候，桂珍问："金江呢？"

我告诉她，金江喜欢和姐姐一起过，不来我们家了。

桂珍满脸的不信任、不开心。等到飞江吃完饭，走上楼去复习功课，她悄悄地说："金江是你支走的吧！"

"是的，我们家都成第二所学校了。"我说。

"那你为什么要支走金江，而不请走飞江呢？"

我没想到桂珍会这样问。是啊，论道理，金江正在我班上读书，照顾他、辅导他更妥帖；飞江呢，不但小学时我没教过他，而且人家现在已经上了初一，也不在我们学校了。但我也有我的道理，一是飞江的爸爸专程到我家来托付飞江，而金江只是作为飞江的附带进居的；二是飞江的爸爸在外做工程，说不定将来我有需要人家帮忙的地方。

我把自己的想法和桂珍说了。她听后，用十分奇怪的眼神看着我，仿佛要看穿我隐藏在这些美丽话语后的污垢。我被她看得很不自在。

"我觉得，你还有一句真话没说。"她很自然地笑，我很不习惯地听。

"什么真话?"我有点心虚。

"飞江的爸爸是老板,你想帮你侄子安排个工作。"桂珍的话剥得我赤身裸体,我觉得一阵脸热。其实,她没说错,我侄子风光是几次对我说过,想去飞江爸爸的工地做些轻便活。我觉得这也正常,他儿子在我家吃住,大家互帮互助。

桂珍知道我在想什么,接着说:"金江家父母不来打招呼,可能是觉得不好意思来托,但我相信人都是聪明的,人家肯定也是记在心里的。"见我有点触动,桂珍继续说,"两个都是学生,不管他们家里有钱没钱,都应该一样看待。"

不管他们家里有钱没钱,都应该一样看待。我被桂珍说得阵阵脸红。

就这样,我又将金江请到了我家。有一次,正是水蜜桃上市的日子,那天放学回家,我看到桌子上放着两个桃子。给谁呢?两个学生加上我的儿子,我一想,"大义灭亲"算了,给飞江和金江每人一个得了。反正我相信桂珍在这类事上从来都是"先人后己"的。

而当我将桃子分给他俩时,金江却一个劲儿地说不要。我想金江可能上次受了我的"辞退"后心里有阴影。为改善自己的形象,我殷勤地执意要给他。被我逼急了,金江说出了实情:"这水蜜桃是天天妈妈(称呼我妻子)买来的,刚才我已经吃了三个了,这两个是我吃剩的。"

原来如此,多"偏心"的桂珍。晚上睡觉时,我说起了此事,她听了笑笑说:"我偏心是因为你偏心在前。每次吃晚饭时,你总是叫飞江吃菜吃菜,很少听到你对金江说。"

"是吗？你真多心眼！"我有点嗔怪道。

"不是我心眼细，而是你真的有点偏心。"停了停，她说，"其实，家里穷点的孩子是很早熟的，你不要以为金江只是孩子，我觉得金江挺聪明的，你要保护孩子的自尊心。"

最后这几句话，声音轻得像从远处飘过来似的，但我听得清楚真实。

若干年后，金江当上了幼儿园老师，供职在浙江省机关幼儿园。小伙子年年被评为幼儿园优秀教师，有一次，还被学校选派赴国外深造。我在电话中向他祝贺。当谈到教育培训时，他在电话那头说："其实在国外只是开阔了眼界而已，教育培训的核心是培养人的教育情怀，而这一点，我比别人幸运。小时候在您家，特别是从天天妈妈身上早就感受过了。那时候，我父亲常生病，生活困难，我吃住在您家，每年只付几百块钱，而天天妈妈还不肯收，总是偷偷地把钱还给我爸爸。"

我傻了，这么多年了，桂珍从来没有提起过还钱一事。相反，她总是说，金江妈妈每月将儿子的生活费和飞江一样，分文不少地寄给她。这么说来，桂珍一直瞒着我。

说起来，我也算是教书育人、为人师表战线上的一员老兵，但在心地善良、包容他人等方面，我觉得自己远远不及桂珍。

三

2002年，我们学校新分来了一个青年教师——邵瑞。他活泼正直，热爱教育，在艺术教育及少先队工作方面很有自己的一套。我们常常凑在一起，讨论交流艺术教育和学校文化建设，有时就连星期天也会聚在一块儿。休息日学校食堂关门，为解决他的吃饭问题，我将小伙子带到家里。一来二去，邵瑞成了我家常客，按他自己的话说："我是来骗饭吃的，天天妈妈的饭菜做得特别好吃。"

我知道，桂珍做饭确实像我们做教育一样，是用心用功的。特别是知道邵瑞喜欢海鲜、河鲜，她会尽可能地"投其所好"，星期天一大早，去菜市场买来河虾、蛏子、螺蛳、黄鳝等，然后，仔细清洗，用心制作。等到我和邵瑞从学校回来，餐桌上已经放好了一桌子好菜。

一周又一周，一年又一年，邵瑞乐不思"家"。即使我不在家，他也经常到我家吃饭，仿佛是我们的儿子。和我们不太熟的人来我家串门，看到我们一块儿有说有笑地吃饭聊天，还以为他是我们的儿子，羡慕地说："你们一家真幸福！"

邵瑞嘴甜，等客人散去后说："说实话，在我心里，你们和我的亲爹亲妈没啥两样！"

桂珍好像真是邵瑞亲妈似的，有段时间，邵瑞因为家里有事，没来吃饭，她天天问我，是不是和他闹意见了，还说："他年轻，你要允许年轻人发表自己的意见，不要以为自己是校长，就容不得老师表达诉求。"我被问烦了，没好气地说："邵瑞又不是亲生的，你那么关心他干吗？"

桂珍听后，并不生气，更没有觉得委屈，而是用十分平和的语气说："做人要讲长情，我觉得邵瑞对我们也是真心的，人情是一辈子的。"

有一年，邵瑞患上了肺结核。邵瑞的父母是非常传统的种田人，为了不让父母担心，邵瑞对父母隐瞒了真实的病情，只告诉他们去杭州看个小病。邵瑞在杭州住院的半个多月时间里，桂珍几乎每天和邵瑞通电话，询问病情。一到星期天，她便催我去杭州的医院看望邵瑞，仿佛住在医院的不是我的同事，而是我们儿子。

邵瑞出院后，桂珍又主动请邵瑞住在我家。她从书上了解到患肺结核病的人，需要食用甲鱼、老鸭之类的高蛋白食物，就托人从外地买来了一只大甲鱼，用砂锅炖好后，叫邵瑞一个人吃。

邵瑞感动至极，好几次对我说："遇到您是我的福气，遇到天天妈妈更是我的幸运。"

几年后，邵瑞被评为区十佳优秀青年教师、区教坛闪光人物、绍兴市级优秀辅导员。

有一年，市里组织优秀青年事迹报告团在全市演讲，面对上千名教师，邵瑞深情而真挚地说："我们常常狭隘地以为，教育家是由教师、校长演变而来的，产生于教育界。其实放眼周围，有多少豁达、善良、高洁的教育灵魂，他们心无旁骛、毫无杂念地用自己的身体力行滋养着天真、纯洁的心灵，成就着一个个鲜活的生命。这些人，不一定是老师，不一定是校长，甚至不一定是教育人；他们可能没有发表过教学论文，没有课堂经历，没有获奖证明，更可能没有教师资质，但他们读懂了生活，读懂了教育，读懂了人之所以为人。"

我知道，邵瑞的这些话，说得动情真实，动情在于体验过，真实在于感受过。是的，作为一名非教育人，桂珍应该有资格接受教育对她的感谢和敬意。

四

当然,桂珍绝不需要这份感谢和敬意,因为我知道桂珍所做的一切,都是有根有源的。

桂珍小时候家里很苦。母亲早逝,一家七口靠父亲一人做些小生意维持温饱,常常吃了这顿没下顿。有一年夏天,太阳特别扎人,十岁的她去村子里拾鸡粪。因为家里没了吃的,她一整天还没有进过一粒米,后来就饿倒在路上,幸好被村小学金老师发现了。老师把她带到自己家,给她饭吃,还夹上了一小块咸带鱼。她几次对我说,那碗饭,是她这辈子吃过的最好最香的饭;那块咸带鱼,是她一生中最珍贵的美食。那时,她就暗暗立誓:"长大后,一定要像金老师一样,待别人好。"

她还真的说到做到了,尤其面对需要关心的人。

我常常这样想:大凡女人选择爱人,都有一个自己拟定的标准。有的为情而嫁,有的为财而嫁,有的为官而嫁,有的为才而嫁。我没有问过桂珍,她嫁我是看好我的什么。但从我与她近三十年的相处来看,她选择我,除了看好我的为人之外,还应该含有为教育而嫁的意思。

我想我的感受是真的。

儿子如镜

一

儿子的胆子很小，不太敢接触生人。这不行，不像男人！为了提高他的胆量，打造伟岸硬朗、顶天立地的男子汉形象，我常常有目的、有计划地带儿子外出"培训"。

儿子八岁时，趁着"五一"黄金周，我们约了几个要好的朋友去海岛旅游。在游览的七天里，我有意让儿子给导游小张拿旅游小旗子，做召集人。七天旅游结束后，旅游大巴将我们送到了家，下车时，导游小张跟我们一一握手告别。轮到儿子时，小张还在儿子脸上亲了一口，算是发给儿子几天来对她工作积极配合的奖品。

我们回到家，做晚饭，洗衣服，好半天，儿子在小房间里没出来。我推门进去，看到儿子已经哭成了泪人。问了半天，他抽抽噎噎地问我们："那——个小张——阿姨——什么时候——还能——再——见——到？"

原来如此。我七天的精心策划换来的竟是如此的缠缠绵绵，这般的哭哭啼啼。我为自己的导演失败而气急败坏，更为儿子的表演风格而心灰意冷。我怒不可遏地训斥道："不许哭！这有什么可哭的，男儿有泪不轻弹！"

可儿子才不管，哭得更凶了。我真不知道他在哭什么：在哭他"热恋"的小张阿姨无视他的真心，负心离去？还是在哭他爸爸萎缩了的人情，失却了的童心？或是在哭大人把冷漠当作阅历的无知，把轻薄当作成熟的无情？

后来，还是他妈妈，指着他手里拿着的旅游帽，对他说："你看，小张阿姨的帽子忘在你这里了，过两天她肯定会回来的。"

"真的吗？"

儿子终于止住了哭泣，而且马上露出了灿烂的笑容。我分明看到，那笑脸，是送给两天后将"久"别重逢的小张阿姨的。这不是我要的结果，于是，不管儿子听不听，懂不懂，我给他讲了一大群驰骋疆场、无畏无惧的男儿的故事。从刘邦讲到曹操，从岳飞讲到文天祥。

晚饭后，儿子玩积木，我在客厅看电视，刚好看到日本鬼子用刀杀人的镜头。我自言自语道："这鬼子真不是人，杀人眼都不眨一下。"儿子竟脱口而出："男儿有泪不轻弹！"

我吃惊地望着儿子，儿子也看着我。我第一次在儿子面前失语。还是儿子打破了这种凝固："爸爸，我说得不对吗？"

我一会儿说对，一会儿又说不对，语无伦次。幸亏儿子雅量，豁达地看着我，笑道："爸爸，我懂了，想哭的时候就哭，不想哭的时候就不哭。"

对，想哭就哭，想笑就笑。我忽然觉得，儿子如镜：一明一亮，映照着概念演绎的空洞和无奈；一剪一影，彰显着理性说教的惨淡与苍白。

二

儿子十岁了，活泼，有礼，会说话，常常受到朋友们的肯定。我甜得就像喝了蜜。

有一天晚饭后，我和儿子，还有我的几个同事，去县城逛街。路上，儿子忽然想起他妈妈还在家里打扫卫生，对我说："妈妈一个人在家劳动，我们打个电话给她。"我觉得儿子说的在理，掏出了手机，叫他自己对妈妈说。儿子拨通了家里的电话，对他妈妈说："妈妈，你歇着好了，不用打扫了。等会儿我回来帮你一起干！"

我们几个听了，都说："你这么关心你妈妈，那你就不用跟我们一起去城里玩了，把你送回家去。"

他笑着说："你们错了，我只是说说。妈妈听了会做得更起劲，等我们回家，家里早就打扫干净了。"

"哟，你还真行，竟会拍马屁了！"我说。

"还不是跟你学的吗？"

我不解，儿子详细向我解释了上次给倪爷爷打电话之事。

倪爷爷是浙江省一位知名的儿童文学作家，也是我的忘年交。儿子一直喊老人为倪爷爷。老人很喜欢我儿子，常在电话里问起他。有一次，我对儿子说："今天你主动给倪爷爷打个电话，让老人家高兴高兴。倪爷爷要是问起来，你就说是你想打的。"儿子说，他好像没有话可对倪爷爷说。这倒是真的，儿子和老人接触才两三次，而且时间都不长，确实印象不是太深，没有多少话可讲。但出于人情，这电话我觉得还是要打，而且非由我儿子来打不可。

小小的儿子,简直就是我的智者,为我牵来了纯净的天堂。

——《儿子如镜》

目标确定了，现在的关键是实施策略。于是，我便教他怎样问候倪爷爷，并特别关照了要说"倪爷爷您身体好，我就放心了"这一句。我认为，老人最关心的是自己的身体健康，这话肯定问候到了点子上。为了让儿子说得流利，我还让儿子像背课文一样，背诵了一遍。在我的言传身教下，儿子给老人打了电话。由于事先彩排到位，儿子和老人的对话，堪比论文答辩。最后，十岁的儿子以我让他背过数次的"倪爷爷身体健康，我就放心了"，声情并茂、恰到好处地赢得了老人的高度肯定。老人说他和许多孩子对话过，从没见过我儿子这样落落大方、圆润自如的。

这个电话，与其说是和老人的真情交流，还不如说是一幕剧本演绎。打完电话之后，我对儿子的成功亮相给予了高度的评价和重重的奖励——让儿子放开肚子喝我们禁止而他最渴望的大瓶雪碧。

事情过去这么多天了，这个电话在儿子心里的影响还这么强烈。

"哦，"半天我才反应过来，"这和你给妈妈拍马屁是一样的吗？"

"都是讲客套，为什么不是一样的呢？"儿子反问。

其实连我自己都觉得自己问的问题无聊之极，一点思考的含量也没有：确实如此，都是客套，难道还要评出金奖银杯？其实，不同的只是我自己——需要给自己装点门面时，我导演孩子，鼓励儿子言不由衷，为自己赢得名声；而想要孩子表里一致时，我又故作清高，一本正经。

是的，为什么不是一样的呢？

儿子如师，一颦一笑，拂拭着成人世界言不由衷的世故；一诘一问，探寻着真实人生表里一致的行程。

三

然而，自查归自查，反思归反思，生活在老者为本的现实中，我无论如何也不会从本质上去步华兹华斯视孩子为父的后尘，更不会从主观上立志追随圣人，把自己变成小孩子进入天堂。

2003年，教育圈里掀起了奥数热，奥数成绩成了评价学生、教师、学校的一大标准，大有"不学奥数无以立"之势。而我是学校校长，自然得带头让儿子参加奥数学习。刚开始儿子对此还有兴趣，可三天下来，儿子打退堂鼓了。其实，我也知道，儿子像我，天生缺乏计算天赋，并不是学习奥数的料。但我不管，我不仅开展励志教育，给他讲古今中外刻苦学习的名人的故事，什么囊萤映雪、凿壁偷光，讲得天花乱坠，还请老师一对一地指导。每天晚上，儿子都要做一个多小时的奥数作业。如此这般，可谓精诚所至，期盼金石为开了。可三个月后，儿子参加初试，十道题才做对了四道，我气得差点没晕过去。

知道结果的这一天是星期天，儿子在家。我走进他的小书房，看见他正在玩奥特曼，我二话没说，夺过他的奥特曼，将它摔了个粉身碎骨。儿子一边大哭，一边弯腰去捡碎片。我更火了："你不爱奥数，视奥特曼倒像亲爹。"我顺手给了儿子一个耳光，吓得儿子转身就跑出了房间。

我冷静下来，翻看儿子平常的奥数练习本，这时我才发现，其实，每一次作业，儿子都是有错的，最后的答案都是辅导老师帮他填完的。那老师大概是碍于我的面子，不好意思明说校长的儿子不适合学习奥数。第二天，当我对老师真诚地说出自己的想法时，那老师完全认同我的看法。而几乎是同时，我收到了儿子发表在《小学生时代》上的童话故事——《雷欧奥特曼和七个小矮人》。

人常说，宰相的肚里好撑船，我要说，儿子的肚里能开车。儿子要去追赶东升的太阳，而他的父亲为了自己的"门面"，偏要他去拜会西沉的月亮。儿子知道，这无异于让鸭子去飞翔，让小鸟学游水，但他二话没说。儿子要骑着他的奥特曼云游四方，而他的父亲为了自己"尊贵"，偏要将他囚禁一隅。儿子明白，这无异于让青蛙学爬树，让蝴蝶去唱歌，但他毫无怨言。

这还不算，儿子还以无言的应答、迅速的撤离，保护了自己的皮肉，也制止了父亲犯下更大的罪过。

小小的儿子，简直就是我的智者，为我牵来了纯净的天堂！

老 黄

那是个星期天,我抱着一个新买来的花盆,匆匆回家。在一个拐弯处,手中的花盆与一个人迎面撞上了。

"哐啷"一声,花盆掉在地上,像一朵冲上岸的浪花,激起无数的水珠。那人打了个趔趄,幸好他撑住了对面的墙壁,才没有跌倒。我吓得连忙去扶他。

这时,我才发现,他是一位六十多岁的老人,满头银发,佝偻着腰,脸上的皱纹让人想起老唱片的密纹,还有刻录在里面的悲欢离合、酸甜苦辣。

他的身边停着一辆清扫车,他一只手捏着扫把,额头上渗满了豆大的汗珠,像是刚沐浴过。这下可闯祸了。平日里听到的装死、碰瓷、敲竹杠等词语一下跳了出来。

我正要开口道歉,他一脸歉意地说:"师傅,我走得太急了。这花盆多少钱,我赔!"老人操着浓重的外地口音,惋惜地看着地上的"花盆雨"。

我舒了口气,暗自庆幸碰到了一个不是太刁的外地人:"是我走得太慌了。你撞痛了没有?要不先去医院?"

老头好像根本没听见我说的话,只是盯着地上的花盆:"这花盆要多少钱？"

"不值钱的，更不用您来赔。"

老人紧绷的脸一下就舒展了。他用衣袖擦去了脸上的汗水，一个劲儿地说："谢谢，谢谢，你真是个好人。我们'挖地人'要靠你们多多照顾了。"老人的普通话不好，将"外地人"说成了"挖地人"。

他的脸色土黄土黄的，真像个挖地人。

为解内心恐慌，当然也为表达我的歉意，我和老头聊了起来，这才知道他是我们小区的清洁工，昨天刚上的班。看他大把大把地扫着地，不像有伤痛的样子，我也放心地回了家。

不久后的一天，我倚窗而立，见他正在打扫落叶。他挥舞着大扫把卖力地扫着地，金黄的落叶映衬着他瘦弱的身影，显得执着而清寂，让我莫名想起我过世的父亲。

我赶快整理了一堆旧书旧报，满满一纸箱，捧到门口。

见是我，他笑成一朵花："何老师好，今天是星期天，你们休息哦。"嘿，他居然知道我姓何。

我把东西放到他的脚下："这些报纸啊纸箱啊什么的，我们家不要了，你可以收集起来卖掉。"

他点点头说："好！我卖掉后再给你钱。"

我知道他误会了，连忙说："不是这个意思，我是让您去换点钱。"

老人迟疑了一下，连声说："好的，好的，你就是照顾我这个'挖地人'。"

那以后，我经常把家里不用的陈年旧货，什么桌凳、包装盒之类的东西，一次一次地送给他。他见到我也会主动打招呼。后来我发现，我们家门前的那条道，经常被他打扫得一尘不染，甚至比家里的地面还干净。

一个冬天的早上，我打开院子门，准备去上班，看到他站在门外的寒风里，手里捧着一只红花盆，样式和上次撞破的那只十分相似。他见到我，灿烂地一笑："何老师，这个花盆，给你的。"

霎时间，我心中涌起一股难以言说的感动。这么多天了，我这个"肇事者"早就忘了此事，而作为"被害者"的他不但不计较自己的伤痛，倒一直想着要赔我花盆。这真让我感到羞愧。

"你买来的？"我居然问出这样低水平的问题，我后悔得真想咬舌头。

老人一愣，说得很坚定："我昨天从花鸟市场买的，三十五块钱。"

"三十五啊，太让你破费了。"我真为老人心疼，"我说过不用赔的。再说，上次的事本来就是我自己不小心。"

"我是没赔。这花盆是你自己买的。"老人见我疑惑，很神秘地凑近我说，"你送我的东西都很好卖，很值钱的，我都卖了好几十。你说，这花盆不就是你自己买的吗？"

我知道再推托就太伤老人的心了，便顺从地收下了。

老人满足地看着我把花盆放进小院里，笑着对我说："何老师，我今天要回老家去了，可能要过些时日再来。"

啊，回老家，太突然了。我这才意识到，我还不知道他是哪里人，甚至还没问过他叫什么名字。

老师最大的特长就是"知错能改"，趁着老人就在面前，我赶快补上了这一课。

我这才知道，老人姓黄，是福建南平人，年轻时和老伴在老家一乡办砖窑厂干活，后来，老伴不慎被机器轧断了一条胳膊。为照看老伴，防止她轻生，他也辞了职。后来，他们生养了一个男孩，可那男孩体质不是太好，干不得重活，一家人就靠家里开的一家小店维持生计。为多挣些，他通过早些年在这里打工的堂弟，来到我们小区做清理工。他说这小区的老板为人好，给他安排了一间小车库住，还给车库刷了白漆，屋里亮堂堂的，像天堂一样，每个月他还能拿到一千多块钱。

多么与世无争、知足常乐的老人。我真想告诉他，这些待遇，是小区老板最起码的用人报酬，你完全可以不必记在心上，甚至还可以提出更高的要求。可是面对老头一脸的平静和安详，我觉得自己的想法简直就是离间，甚至是作乱。

"何老师，你对我这个'挖地人'太好了，太好了，我真不知道怎样谢谢你。"老人念叨着，眼里泛起亮光。

真是个好人。我忽然心生依恋："你还回来吗？"

老人没有直接回答我："是我老娘身体不好，她都九十岁了。我应该去照顾，去照顾！"

啊，原来老人家还有老母亲，他们家太困难了。我正想插几句，老人显得有点心急了，加快了语速："何老师，你上班去吧。我也走了，我七点三刻的汽车。"

"七点三刻啊！"我一看表，"现在都七点了。"

我们住地离县城的长途汽车站约有十公里路，如果现在就在公交车上，要按时赶上那趟开往福建的长途车，也是急巴巴的，何况老人还要先去镇上的公交站。我当然也知道，如果不是为了等我，老人本来可以在七点三刻之前赶到长途汽车站的。

"老黄,"我第一次这样称呼他,"我送您去车站。"我走到我的轿车旁,拉开了车门。

"这不可以,不可以的。"老人边说边向后退,那样子让我联想到小鸡面对老鹰。

"老黄,现在都七点多了,您都赶不上那班车了。"我真的像老鹰一样,一把拉住了他的手。

一听说赶不上班车了,老人慌了:"那我的车票!要一百二十块钱呢!"

"所以嘛,上车吧!"我下了命令。

老人犹豫了一下,从随身带的一只塑料袋子里,取出一块毛巾,将那毛巾垫在我的车垫子上,然后拍拍衣裤,再使劲地跺了跺脚,生怕弄疼汽车似的,慢慢地坐了进去。

我将老人送到了车站。一路上,老人不停地说着谢谢。还说,他从做人起,还没有坐过这么好的车,这回他是叫花子进了饭堂。

老人走了,我像是少了一位要好的朋友,常常有意无意地说起他、想起他。其实也不光是我,我爱人也多次问我:"老黄什么时候回来?"

我后悔没有向老黄要个电话号码。

其实不光是我们家,小区的那些道道,肯定也想老黄了。老黄在时,它们就像有妈的孩子,一日多遍,由老黄给擦身洗脸;老黄走后,它们便成了没妈的野草,整天蓬头垢面,无人问津。

又是一个星期天,我拿起扫把,清扫起家门口的道路来。因为,小道上满是废纸垃圾,再这样下去,别人要误以为我落魄到住垃圾管理所了。平常看老黄扫地,觉得蛮轻松,但自己一体验,还真不容易。一条才十几米长的路,扫了半个来小时,还没有清理完。我回家去喝了口水,准备接着干,刚走出家门,看到老黄背着一个蛇皮袋回来了。

"老黄!"我高兴得像中了大奖。

"何老师!"老黄的声音,像被音响放大过。显然,他也很高兴和我小别重逢。老黄卸下蛇皮袋,抢过我手里的扫把:"何老师,你看书去好了。这个活儿,我来做。"

"你母亲没事吧?"

"嗯,没事了,她好起来了。"老黄边扫地边说,"我老娘病好了,我又可以来这里享福了。"老黄的脸上挂着幸福。

中午的时候,家里的门铃响了。是老黄,他手里提着一个小布袋。看到我,他笑笑说:"何老师,我从家里给你带了点金银花。你们老师吃开口米饭,说话多,泡点金银花茶喝喝,对喉咙有好处。"

我的眼睛有点发热。他又说:"你对我那么好,我都不知道给你点啥好。这是我自己摘的,很干净,不值钱,只是点心意。"

我像木头一样,机械地收下了老黄的礼物,也没请老黄走进我家来坐坐。等到老黄走后,我才蓦然觉得自己手里捧的,不是一袋金银花,而是老黄一颗沉甸甸的心。我似乎看到,老黄戴着斗笠,在猛烈的太阳底下,一朵一朵地为我挑花、摘花。

从那以后,我和老黄走得更近了,时不时去老黄住的车库串串门。从那以后,我们家"不要"的东西也越来越多。有"不要"的电饭锅,"不要"的电风扇,"不要"的电视机,当然,也有"不要"的被褥衣帽等。老黄每次拿着我的这些"废物",总是一个劲儿地说:"我这个'挖地人'交了好运，好运！"

老黄是闲不住的，他在小区的一块空地上种上了各种蔬菜。从此，我们家长期吃上了老黄的新鲜蔬菜，有挺着身的芹菜，长着毛的冬瓜，挂着露珠的茄子……

这一年快到冬天的时候，我去外地出差，回家后，我爱人告诉我老黄大前天回福建老家了，临走时还特意来了家里。老黄说，他家老母亲摔了一跤，可能不行了，还有，他儿媳也快生了，家里劳动力不够，这次回去恐怕不会再回来了。他把我送他的"不要"了的电视机、电风扇等全都留在车库，说这么好的东西，他不可以拿走的……

"老黄还说，本来想等到你回家，当面向你道个别，但实在担心母亲，怕来不及送终。"

我怅然若失，好半天不作声。

就这样，老黄离开了我们。一晃三年了，其间我给老黄打过两次电话，一次没通，另一次是他儿子接的。他儿子告诉我，他奶奶在爸爸回家后不久就去世了，他爸正在地里干活。他儿子问我有啥事，要不要过会儿让他爸爸打过去。我连忙说："没事，没事。"

我忽然意识到我不应该再打电话了。老黄的生活就像一部黑白老电影，简单，安逸，从容，宁静。世俗地为其添加色彩，无疑是野蛮的打扰、粗暴的干涉。我最应该做的，是收藏起老黄的音容笑貌，以备份的姿态，存储在自己的记忆里。日后碰到躁动的日子、发霉的心情时，用"老黄印象"给自己解解烦，消消毒。

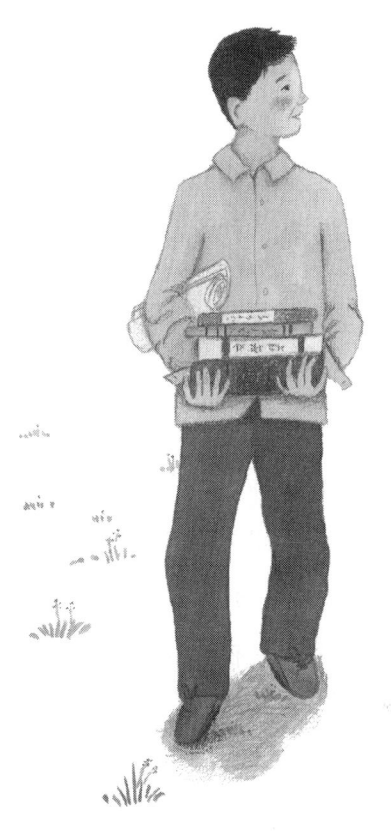

第四章 为师

黄鳝黄了

我当老师时,还不满十六周岁。为增强权威性和"沧桑"感,我向四年级孩子介绍自己时,给自己拔高了两岁——我,十八了!正当青春年华,来镇住你们这帮小屁孩绰绰有余吧。其实我的心虚得像把灰,不捏也碎。

校长像吃饭似的,一日三次地提醒我:"一定要像老师,哪怕装!"说实话,我也觉得自己不像老师,哪怕装。下课后,我总会按捺不住阵阵冲动,和班上的孩子闹成一团。玩纸牌,挤人渣,射弹珠,特别是打陀螺,什么单打、双打、混打,几乎场场上阵。因为如此,偶有被学生的陀螺鞭给抽的情况。有一次,我被我们班一个叫连风高的孩子,一鞭子抽出了一道血印,而且是在脸颊上。血印像条不识趣的红蚯蚓,不讲道理地卧在脸中央,大破我的"门面",气得我关他晚学,以正视听。因为,我怀疑他在课堂上挨了我的批评,就借"陀"发挥。况且,之前带这个班的张老师去外地工作时,就语重心长地告诫我:"看住连风高,这个孩子有点毒。"

我了解过,连风高胆子大,点子多,动手能力强,什么上树捉鸟掏鸟窝,下河抓虾摸螃蟹,样样都会。特别是钓龙虾,他的龙虾棒简直就像装了磁铁,吸着小龙虾成串成群地跑到他的钓钩上去"亲嘴"。他太有本领了,自然成了班上的孩子王。

凡是称王的绝非一般人。你看，都半个时辰了，连风高就是死不承认，一口咬定他不是故意的，还说："上次老师你不也抽着我了？"说完后还挽起了裤管。可不，连风高的小腿上，真卧着一条被抽打出来的"火链蛇"。

我无言了。说实话，我也想不起"上次"是什么时候，也不知到底是否误抽过他。

难道我就这样轻信他，放了他？我想起了校长一再告诫的"一定要像老师，哪怕装！"的叮嘱，把脸板得像石块："胡说，老师会打学生吗？"

"会呀，还扇耳光——"

"住嘴！"我努力提高声音，还拍了下桌子，企图以势压人。

"罚吧！"连风高一扬脸，用不屑的口气说，"是三跪还是倒立？"

我一愣。

"罚三跪。"连风高说得有点大义凛然，"你报数吧，我下跪！"

"为什么要罚跪？"

"那就罚倒立。"

"不，我不是这个意思。"我一时找不到合适的词汇，显得语无伦次，"为什么要罚倒立？不，我是说为什么一定要罚跪、罚倒立？难道一定要处罚吗？"

"那是你们老师定的，我怎么知道？"

这孩子的眼睛亮亮的，像纯净的湖，长长的睫毛仿佛湖边的垂柳，斜斜地插在徐徐的轻风中。被这样的眼睛一扫视，我忽然觉得自己有点"以小人之心度君子之腹"。是啊，既然你不是故意的，孩子为什么不可以是无心的？

心里的阴云散了，我笑道："我就罚你——"我故意拖长了声音，但连风高做出了下跪的姿势，我一把拉住他，"我罚你——回家。"

连风高"扑哧"一声："那算什么罚？"

"你不是说你不是存心的？"我拍了下他的肩膀，"再说，我也误伤过你，我们扯平了。"

连风高像在犹豫。我拉起他的手："天快黑了，我们结个伴，回家！"

我们走在散发着油菜花味的小道上。春天大半归顺夏天，只留下个要强的尾巴，顽强地把持着晚春的大门。太阳像是饿坏了，早早地钻进云层找吃的去了。晚风吹来，像湿巾擦脸，凉飕飕的，特别清爽。几只贪玩的鸟儿，穿梭在渐渐变黄的麦田里，你躲我藏，借着幽幽的晚霞，玩着"官兵抓特务"的游戏。

"风高。"我握住了他的手，"听说你很会钓黄鳝，能带我去钓吗？"

"你刚才叫我名字了！"晚霞中，连风高眼里闪着别样的光泽。

"是的。"

连风高忽地挣脱了我的手，飞奔向前。难怪别人给他取了个"野疯狗"的外号，真是一点礼貌都没有。我在心里骂着。这时，我才领悟到张老师对他的评价，绝对不无道理。

几乎在骂他的同时，我的眼前浮现出连风高那双清澈明亮的眼睛。不对啊，这孩子不应该是那种"有点毒"的人。是不是我关他夜学，伤了他？我决定趁天还没完全暗下来，先去他家找他谈谈。可他家住村里的哪头呢？我迟疑着走向村子。

进了村口，夜色很浓了。本来就不怎么自信的小村，此时，显得格外安静，生怕弄出声音，引发别人的注意。倏地，像是有只野猫蹿过。

"谁？"我有点儿紧张。

一个黑影从前面那棵歪脖子老樟树背后闪了出来，是连风高。

"何老师，你看这是什么？"

连风高也不解释，将一尼龙袋东西递给我。

我看到袋子里是几条鲜活的黄鳝，每条约有斤把重："是黄鳝，怎么啦？"

"可有人说是蛇！"

"这人也太没常识了。"

"可这人也是老师啊，而且是比你老的老师。"

"是谁啊？"我来了兴趣。

"不就是张老师！"连风高很有怨气地说，"我妈说，张老师因为书教得好，嫁了个军官老公，所以，现在调到城里去了。"

我隐隐觉得张老师和这孩子之间有点隔阂，但在孩子跟前，我不想做过多的解释。我搪塞道："也许，张老师才看了一眼，没看清楚。"

"她连一眼也没看！"连风高一字一腔地说。

"那她怎么说是蛇？"我不禁脱口而出。

"就是！"连风高忽然又像疯狗一样，"啊——啊——"地仰天大叫，仿佛要将黑夜叫破，赶走。

这孩子心里有阴影，我忽然同情起他来。待到他叫累了，声音叫哑了，我将手轻轻地搭在他的肩上："风高，张老师可能是无意的。就像我先前认定你是存心抽我一鞭，其实我和张老师一样，都不是有意想伤害你。"

天一下就暗了——原来，月亮躲进了一块乌云里。

"何老师，我讲真话，白天那一鞭，我是存心抽你的！"

"啊？"我惊呆了。

没等我问，连风高回答道："因为，我恨你们老师。"

"为什么？"我更震惊了。

在我的一再追问下，连风高终于对我说出了埋藏在他小小心里很深很久的往事。

其实，连风高原来是个十分热爱老师也十分友爱同学的孩子。有一次，张老师布置每个孩子做一个毽子作为体育课的器材，说是要参加学校里开展的踢毽子比赛。可同学们都说不好找做毽子的鸡毛。虽然有的同学家养着鸡，也有点儿鸡毛，但都是要派用场的。他们的妈妈要把鸡毛积攒起来，等货郎师傅拨着货郎鼓下乡时，用来换兑火柴、发带和头油之类的日用品。为了给同学解决困难，连风高用他最擅长的本领——去河里钓黄鳝、摸鱼虾，忙了一个星期，用满满一桶黄鳝从货郎师傅那里换到了一大包上等的鸡毛送给班上的同学，每人四根。

可这天，张老师回家，发现自己家的大公鸡，活生生地被人拔走了大半鸡毛，像个半秃子，缩在墙角，大口大口地喘着粗气。张老师开始怀疑此种恶事和连风高有关。第二天，她一个一个地检查班上同学的毽子，果真发现毽子上的鸡毛和她家公鸡的毛一致，甚至连她在大公鸡上做记号用的绿漆还在。张老师气得当场扭住连风高，"啪"地给了他一记耳光："太恶毒了。"

连风高继续讲下去："最气的是，有一次，我们班班长黄一芳，她

春天大半归顺夏天，只留下个要强的尾巴，顽强地把持着晚春的大门。太阳像是饿坏了，早早地钻进云层找吃的去了。晚风吹来，像湿巾擦脸，凉飕飕的，特别清爽。

——《黄鳝黄了》

从城里转来的，说是没见过黄鳝。有一次放晚学，我钓到了两条大黄鳝，刚巧黄一芳走过来，我就递上黄鳝想告诉她这就是。可黄一芳胆子也太小了，以为是蛇，吓得大哭起来。张老师也刚好路过，问怎么回事。黄一芳说有蛇。我说不是的，是黄鳝。我将黄鳝给张老师，请她证明。可张老师连眼也不睁，就将我手里的黄鳝打落在地。后来，三狗告诉我，黄一芳是张老师的侄女。"

"这以后，你就不相信老师了？"

"是的！"连风高补充说，"要不是我妈要打我，我才不上学呢！"

"你以为所有的老师都是张老师？"我有点委屈地说。

"除了你。"连风高主动捏了下我的手，"要不，我也不会对你说这些了。"

我双眼一热，幸好有夜色掩护。

"何老师，"连风高把尼龙袋里的黄鳝塞到我的手里，"这袋黄鳝送您，很补的。"没等我回答，他又轻快地蹿进了村子里。

这以后好多天，连风高像换了个人似的，上课特别认真。我也向其他几位老师做了调查，他们都说"疯狗"不疯了。

这一天，连风高从教室外跑了进来，将一封信交到我手里，说是校长要他转交的。

信封上的落款是中国人民解放军某部。我有点好奇，哪位部队首长会给一个代课教师写信？我小心翼翼地打开了信封，原来是张老师写给我的——

何老师，写这封信前我犹豫了很久，最后，我还是决定写，要不我的良心过不去。

前两天,我在这里碰到了一位走南闯北的货郎师傅。闲聊中,他说起了浙江的黄鳝,一个劲儿地赞美浙江黄鳝口味地道。我问他在浙江哪里吃的。他告诉我当年在浙江上虞一个乡村,有个孩子,用一条黄鳝换他一根鸡毛,说是去做鸡毛毽子。他说,那孩子特别仗义,爱帮人。那一次,孩子说学校要开展踢毽子比赛,可同学们没鸡毛做毽子。那孩子答应给同学每人四根漂亮的公鸡毛,便向他要两百根公鸡毛。可他的摊子里也没那么多鸡毛。刚巧,他借住的那户人家隔壁,养着一只大公鸡。那天,他拔了那大公鸡的毛,从那孩子手里换了满满一桶黄鳝。他不但大饱口福,还卖了好几块钱。不过从那以后,他就不敢再去那里了,怕被人知道后挨揍。

我赶快问是上虞哪里,那个孩子的长相还记得吗?天啊,你猜他说的是谁,就是我们班,现在应该是你们班的连风高。我想起了这事,当年我为这事打过那孩子。因为,那只大公鸡是我家的。我怀疑是连风高拔了我家公鸡的毛,他从小就捣蛋。现在看来,我真冤枉了孩子,而且是天大的冤枉。请你无论如何先代我向那孩子道个歉。我正准备买点书什么的,给孩子寄去。可能孩子对我记仇太深,请你无论要帮我做些解释。我想来想去,觉得你是最合适的人选……

不知什么时候,我手中的信已经在连风高的手里了。我看到,他的大眼睛,像是倾倒了一个湖,正汩汩地溢着晶莹、明亮的清泉。

我也鼻子一酸,双眼发热。"一定要像老师,哪怕装!"我想起了校长先生的叮咛,赶快起身离开教室。教室外,天正下着小雨。我走进轻柔的雨幕里。忽然,一团红云飘来,雨停了。我抬起头,原来是连风高正踮着脚,为我撑着一把大红的伞。

"何老师,你哭了!"

"没有啊。"我擦去了不争气的泪水。

"你的泪水还在我的手上呢。"

"哦——"我抬起头,笑道,"不可能的,是雨水吧!"

"雨水是热的吗?"

"会啊,太阳雨就是热的。"我接过了连风高手中的伞,瞥了下一脸迟疑的他,"你的红伞一撑,下的就是太阳雨了。"

"是吗?"

"不说这些了。我问你,黄鳝什么时候最多?"我赶快转移了话题。

"再等等。"连风高自信地一仰脸,"得到麦子全熟的时候,黄鳝最多。那时的黄鳝长得最壮、最成熟!"

"你怎么看出来的?"

"黄鳝黄了呗!"连风高的口吻,让人联想到坐观草船借箭的诸葛亮。

哦,麦子熟了,黄鳝黄了。

天使不可以跟蛇玩

这个学期，我教四（3）班童话，每周一节。

做老师，不管口头上多么坚持童心为本、个性至上，但骨子里，都希望自己教的孩子争气、听话、有礼貌、学习好。我也一样，不像有些作家，一味捧高"无法无天"的孩子——他们可以"坐"着写字不腰疼，真招一批"疯疯癫癫"的"皮皮"给他们，看他们还捧不？要是运气不好，碰到一个根本不把你放在眼里的"淘气宝"，恐怕要像吞了一只活苍蝇，极不舒服。

我就是那个吞苍蝇的倒霉蛋！

那天，是我第一次接触四（3）班的孩子。上课铃一响，我走进了教室。也许是因为第一次见面，孩子们早早地坐在教室里，安静地等待着我。我刚要喊上课的口令，发现最后排有个瘦瘦的孩子，手里拿着一根小棍子，旁若无人地挥舞着，还做着各种怪异的动作。我以为他没发现我，咳了两声。谁知他看了我一眼，居然大喊一声"芝麻开门"，惹得所有孩子笑的笑，叫的叫，教室里像是突然打翻了一笼鸟。而那个孩子对此毫不关心，甚至看也不看其他同学，竟旋转起身子，做起更为滑稽的动作，仿佛这世界就他一个人，或者他就是这个世界。

我想当场夺了他的棍子，但为了维护自己的形象，再说也是初次见面，我强压住了已经冲到头顶的火。

"上课了！"我提高嗓门喊。

教室里倒是安静了下来，但那孩子瞥了我一眼，丝毫没有停止搞怪的意思。我气得想吐血。

"他又'进去'了。"有个女生见我还不理解"进去"的意思，指着那孩子，"他是呆子！"

"谁说他是呆子？他是顶顶聪明的阿里巴巴。"那个"搞怪"的男生纠正着女生。

我这才注意起这个孩子来。大头细脖子，像是小摊上卖的手工小面人。长得挺清秀的，尤其是那一双眼睛，让我想起小时候家门口的清水潭，不仅清澈，还漾着一些细细的碎碎的涟漪。这究竟是一个什么样的孩子呢？

下课后，我向他的班主任潘老师说起这事。从潘老师那里，我知道这孩子叫丁一通，虽然长得挺文静秀气的，但脑子有点问题。丁一通的爸爸是个孤儿，家里穷，四十多岁才娶上媳妇。媳妇是个外地人，长得挺漂亮的，不过脑子也不是太好使，但比丁一通要好些。总体上，丁一通是遗传了他妈妈。

"不过说实话，他演阿里巴巴，还真挺投入的！"我对潘老师说。

"是的是的。"班主任毕竟是班主任，了解得比较全面，"他很有表演的天赋，演什么就像什么，特别放得开。可脑子实在简单，'进去'时，半天也记不住一句台词，说得天一脚地一脚的。"

又是"进去"，我终于明白："进去"是针对丁一通的专用词汇，意思是丁一通沉浸在自己的世界里时，周围的世界形同虚设。"那么他有'出来'的时候吗？"我半开玩笑地问。

"也有'出来'的时候，有时候他说话很正常，而且比我们正常人都聪明。"潘老师认真地回答。

从潘老师那里，我还了解到，丁一通在课堂上捣乱，可能还事出有因：他们四（3）班共四十一个孩子。因为学校要搞童话节，潘老师和班委一商量，就决定演个童话剧《阿里巴巴和四十大盗》。但孩子们都想做阿里巴巴，不愿做大盗。想想看，大盗本来就是坏人，再加上集体批发式的，全是群众演员，当然不愿意做了。大家都憋着劲，默默地练习着阿里巴巴的动作台词，争取成为"阿里巴巴"。当然，大家的这份"功课"都是在课余、饭后做，是"业余"的，但丁一通却把这事当成了"主业"。

听潘老师一说，我开始留意起丁一通来。

又到童话课了。因为我的办公室离四（3）班有点距离，中间隔着一个小花园，我提前十分钟去候课了。

我来到四（3）班教室的那幢楼下。由于是下课，楼对面的小花园里聚集着一大群孩子，仿佛那里正在上演一场精彩的马戏。我也凑了上去。

原来是灌木底下有条红色的毛线围巾，半新的。

"谁的？"我问。

"丁一通的。"有人说。

"为什么不捡起来？"

"他要送蛇。"张亮亮说。

"送谁？"我有点奇怪。

"送蛇。"张亮亮回答。

"送蛇，谁说的？"我更好奇了。

"还有谁，呆子丁一通。"

"张亮亮，不可以这么叫。"我有点不高兴。

我拨开人群，发现丁一通蹲在灌木丛边，眼睛一眨不眨地盯着那条红色的围巾，仿佛在等一只鸟儿起飞。

我拉起丁一通，问他怎么回事。丁一通说，灌木丛底下有个洞，洞里有条蛇，是他的好朋友。天冷了，他要把妈妈给他织的围巾送它。

多么善良的孩子。我的心为之一震。

就在这时，上课铃响了，我赶快催大家进教室，可丁一通就像没听见似的，还是赖在地上不起来。我蹲了下去，摸着丁一通的头，亲切地说："丁一通，蛇在午睡呢。再说你看着它，它会不好意思收礼物的。我们先上课去吧，下课后我们再来，说不定，蛇就把礼物拿走了。"

"真的？"丁一通的那潭清泉泛起浪花，像是被小石子激起的。

"真的！"

丁一通弹直了身体，拉起我，用神秘的口吻说："别吵，我们走吧！"不容我分说，拖着我就走，仿佛我赖在这里会偷了他的礼物。

课上到一半，我忽然想到了丁一通的那条围巾，想到下课后该如何向那双眼睛"兑现"。我临时想到了一个对策，便要孩子们静静地坐着看书，我去图书馆借几本故事书给大家。为保持课堂纪律，我还特别强调：不守纪律的不给！

我匆匆来到那丛灌木旁，代蛇接受了丁一通的围巾，又赶快跑到图书馆，把围巾一放，从图书管理员那里，借来了一包童话书。

才离开了不到十分钟，当我再来到教室时，发现教室里比开联欢会还热闹：有将桌凳当马骑的，有爬上桌子做模特的，有站到讲台上玩相扑的……气得我差点晕倒。一查，居然还有四个男生不在教室里。

当我差人把他们几个叫回来询问时，他们都说"在上厕所"。多高明的回答——连犯人都要给解内急的时间，何况他们是祖国的花朵。我只有暗暗地"逃慢气"。

"何老师，教室里好像有臭气。"班长王妮真会带头，连教室里的臭气也带头发现。

被她这么一说，我们还真闻到了一股异味儿。教室里难道有死老鼠？

"何老师，丁一通尿尿了！"随着响亮的叫喊，丁一通的同桌陆路路捂着鼻子，像被蜂蜇了似的，从座位上跳了出来。

是丁一通尿了，他的裤裆部位"画"着湿漉漉的地图。而丁一通，就像一尊菩萨，连眼也不眨一下，只是怔怔地坐在位置上，像正为苍生默默地祈祷，虔诚、专注。

"丁一通，你怎么啦？"我问得很轻，生怕打扰了他。

"尿了。"丁一通好像也有点不好意思，说得也很轻。

"那你为什么不去厕所？"陆路路一脸不高兴。

"老师说下课才去，上课不可以的。"丁一通一脸认真，说这话像背口诀。

丁一通是天使，甚至比天使还纯洁，我的心悸动了一下。

"不去厕所，就尿在这里熏我们，你这个呆——"

我冲着陆路路大咳一声，他被"咳"吓着了。我轻轻地摸着丁一通的脑袋，一时语塞。是的，对天使该怎样说话，我也很不自信。想了一会儿，我响亮地对大家说："丁一通是天使。天使有时候跟我们是不一样的！"

丁一通似乎也知道我在表扬他，笑得更灿烂了。下课后，我将丁一通带到办公室，从舞蹈室借来了一条裤子，替他换上。

放学后，孩子们排着长队放学回家，我也有事提前离校，看到丁一通落在队伍后面，舞着小棍，念念有词。刚出校门，看到有个女人，背有点驼，头发半白了，正朝大门口眺望。尽管我是第一次见到这女人，但我猜想她应该是丁一通的妈妈。不用看别的，只要一看那双清泉一样的眼睛，我就猜得八九不离十了。可不，丁一通看到那女人，高兴地跳了起来，随即张开双臂，向那女人冲了过去。

那女人看到丁一通，很吃力地弯下腰，张开双臂，搂住迎面跑来的丁一通。这时丁一通也发现了我，指着我说："妈妈，这是我们何老师，他说我是天使。"

听了丁一通的话，那女人忽然神情严肃，盯着丁一通的舞蹈裤子，脸上堆满歉意："何老师好。丁一通尿裤子了，真不好意思！"

她肯定不懂什么是天使。我走近他们母子，摸了摸丁一通的脑袋说："丁一通妈妈，丁一通在学校里表现很好，很好的！"

丁一通仰着脸，听到我说他听话，开心地笑了："妈妈，老师说我很好呢！"

丁一通的妈妈也笑了，和丁一通的笑一样纯粹、彻底，是那种发自内心的笑。

从那一天起，我对丁一通的印象更深了，而丁一通也对我亲近了许多。每回看到我，丁一通就甜甜地喊我一声，那双"清泉"里流淌着的全是信任和爱戴。

再过一星期,我们学校一年一度的童话节就要开始了。四(3)班正在紧锣密鼓地排练童话剧《阿里巴巴和四十大盗》。班主任潘老师要求我协助她在童话课上进行训练。为满足每个孩子都参与竞选主角阿里巴巴的愿望,我在每节童话课里,抽签产生十个阿里巴巴候选人,请他们当场表演,然后我和其他孩子一起当评委。每节课上产生阿里巴巴冠军人选,最后进行总决赛。为利用草地、树木等环境资源,我将课堂搬到了室外。

都说五月有个冬,元月有个夏,这话还真不假。虽然日历已近元旦,但这两天气温连续超过25℃,可谓是冬天里的夏季了。学校东操场的草地上,正午的太阳像舞台上的追光灯,热辣辣地追着我们,烤得我口干舌燥。我顾不得斯文了,一屁股坐在草地上,用两只空手使劲给自己扇风。

突然觉得背后很凉快,转头一看,只见丁一通紧闭着嘴唇,用一顶当道具用的阿里巴巴的小帽子,很努力地替我扇风。而他自己的鼻尖、额头上满是汗珠,像刚在水里浸过似的。

我眼睛一热,感觉有股热流在涌动。我假装抬头看天,努力不让眼泪出来。

这天放晚学后,我正在办公室里改作业,听见楼下有人在喊:"蛇咬人了!"紧接着便是急促的脚步声。

我一惊,赶快冲出办公室。原来是丁一通被蛇咬了。从陆路路嘴里,我才知道事情是这样的:童话剧排演结束后,丁一通大概是想起了给蛇送围巾的事,就在灌木丛周围走来走去,看蛇是不是围着自己的围巾。这大冬天本来不会有蛇的,蛇都冬眠了,谁知这两天天热,还真有一条蛇躺在灌木丛底下晒太阳。丁一通一见,高兴地趴在地上,和蛇说起话来。

"这时候,潘老师叫我去找丁一通。"陆路路说,"我刚跑到那里,听到丁一通在问蛇喜不喜欢围巾什么的,后来就伸出手去抓它,那蛇就咬了丁一通一口。丁一通大叫一声,这时,蛇就溜走了。"

"后来潘老师来了。潘老师和教体育的李老师,把丁一通送医院去了。"陆路路说起来还显得心有余悸,脸上挂着恐惧。

听完陆路路的话,我不断地拷问自己:对于丁一通这样一个特殊的孩子,我当时替他把围巾送给蛇的"童话"是不是要编?编的是不是有价值?既然编了,是不是缺少必要的跟踪和反馈?我甚至觉得是自己在某些环节的纰漏,才造成了丁一通被蛇咬。

我怀着沉重而愧疚的心情来到了医院。丁一通正在吊盐水,右手上缠着纱布。看到我,丁一通很高兴地大喊:"何老师好!"

他的喊声,照亮了我布满阴霾的心。我向医院了解了情况。医生说,问题不大,咬他的不是毒蛇,是菜花蛇。冬天的蛇没劲,咬得也不深,表层的,吊几瓶盐水消消炎,隔天再换换纱布就没事了。

"何老师,蛇收了我的围巾,为什么还要咬我?"丁一通满脸疑惑。

是应该问我,因为是我告诉他蛇会收他的围巾的。在丁一通的世界里,蛇是听任我这个伟大的老师指挥和管教的。

"因为——因为,你是天使。"望着丁一通一脸的不解,我搜刮了一下词句,笑着补充道,"蛇想把你吃了,它来做天使。"

"我这么大,它的肚子又装不下。"丁一通又"进去"了。

"就是，下次你不跟它玩了。"我也"半进半出"。

"嗯，天使不可以跟蛇玩的。"丁一通笑得很开心，他很喜欢我送他的"天使"。

"对，天使不玩蛇！"

丁一通用力点了点头。突然他晃了一下扎着纱布的右手，着急地说："何老师，下节课我还能当阿里巴巴吗？"丁一通"出来"了。

我想起来了，刚才童话课上，已经抽签产生下节课十位表演阿里巴巴的同学，丁一通就是其中之一。

"当然能当啊！阿巴里里扎着纱布，那才像和四十大盗打过仗。"我想了想，又加了一句，"而且是胜仗。你看，我们都来祝贺你了！"

丁一通一听，"咯咯咯"地笑出声来。那声音就像正怒放着的花朵，一层连着一层，一簇接着一簇，那样旺盛，那样有生机……

我也笑了，为丁一通的善良、单纯、宽宏、信任……

"萝卜"回来了

一

江南的雪不常下，何况是漫卷的大雪。

大雪绝对堪称雕塑家。才一会儿工夫，校园里的花花草草，就让白雪勾画出一个个有趣的造型：这边是公鸡在打鸣，那边是小狗看着大门，稍远点，是一群顽皮的小猴在玩捉迷藏……

这天，恰好是我们小鲤鱼文学社的活动日。才吃过中饭，四十八条"小鲤鱼"早早地"游"到了学校，堆雪人，打雪仗。那股兴奋劲儿，那种快乐，让本来就爱出风头的白雪，下得更加理直气壮、当仁不让。

如果说童话带给孩子的是快乐，那么，此时的校园不就是一个美丽的童话吗？

我真不忍心把孩子们从白雪丛中拽出来，但必须把他们集合到教室里来。今天，我这位童话指导老师的心中，藏着一个比下雪更大的喜讯。而这个喜讯只有通过与孩子们分享，才能产生核弹爆炸般的意义。

我从讲义夹中取出一张报纸，高高一扬，大声说："告诉大家一个好消息，咱们小鲤鱼文学社的李静静同学的童话《会飞的小白兔》发表在浙江《少年儿童故事报》上了，而且还是头版头篇哩！"

"真的？"

| 爱满教育 |

"啊!"

"太棒了!"

教室里响起的尖叫声、喝彩声,几乎把屋顶给掀了!

我发现,那个叫李静静的女生,她的眼里泛着泪花。

李静静是个很瘦弱的小女孩。她爸爸在上海承包工程,她原本在上海某所小学读书。去年,因为她妈妈想家心切,学期中途她转到我校读四年级。这孩子学习一般,但十分喜欢看书,尤其喜欢读童话。学校建立小鲤鱼文学社,她报了名。她的语文老师说,李静静上课老爱走神。尤其在作文课上,有时她会傻傻地盯着黑板,表面上在听老师讲课,其实什么也没听进去。叫到她回答问题,半天才会反应过来。

这一点,我与她的语文老师意见相左。我认为,她在课堂上绝对专心听讲,我提出的每个问题,她都争着回答。我常常见她小脸发红,小眼大睁,小手高举,我感觉她是为童话而生的。

李静静同学发表的这篇《会飞的小白兔》,是上完我的第一堂童话课后写的习作。那天,我就觉得她的这个童话写得有点与众不同。别的孩子故事编得直白了点,或者说不够耐看。而她的故事,是这样讲的:小白兔本来就存一番热心,加上它又拥有会飞的本领,便摘来了星星送给一直生活在黑暗中的小老鼠。可小老鼠恰恰利用小白兔的善心,变着法子,三次从小白兔手上骗取小星星,再高价出卖给别人。小白兔知道后,毅然揭穿了小老鼠的诡计,使小老鼠的丑恶行径暴露无遗。整个故事情节曲折,故事味浓,想象奇特,语言也很风趣,能够发表也在情理之中。

于是,我趁热打铁,对沉浸在喜悦中的孩子们说:"李静静的童话发表了,说明我们小鲤鱼文学社的写作水平棒棒的。只要大家坚持下去,我们每个同学的童话都能发表。现在,请大家往窗外看,你们看到彩色的雪花了吗?"后面的这句话显然是我将话题转向了本节童话课的指导。学生一下还没有反应过来,他们看到窗外确实在下雪,可这雪不是彩色的啊!我笑着引导:"如果天爷爷真下了彩色的雪,你想象一下,小动物们又会利用这雪去做些什么?"

到底是学童话的孩子,经这一提醒,他们恍然大悟。一个月后,有两位小社员的同题童话《彩雪沙啦啦》发表在湖南的《小溪流》杂志上。

二

就在收到《小溪流》杂志样刊,享受着"溪流"清爽与温柔的抚慰时,市教育局的电话响了:"有学生写信告你,说你在课堂上鼓励他们胡思乱想,瞎编乱造。这样教下来,他们的作文水平,乃至整个语文成绩都下降了。"工作人员还补充说,"这些孩子本来就不是你班上的学生,你将他们组织起来,剥夺了他们学习其他学科的权利,他们讨厌你!"那工作人员最后说,问题还有好多,叫我反思一下,一个月内写出整改报告。

我晕了。

窗外又下雪了。

江南的雪要么不下,要么一下就是一场连一场。今天的雪是连着昨天的。不过昨天是零星小雪,可这会儿下大了,仿佛天上所有大大小小的云絮全被撕成片儿,丢到了我们学校里。一会儿,校园里大大小小的道路全让白雪给抹了。就在这时,我接到教育局的紧急通知:"立即联系学生家长,立即放学!"

散场比集合容易得多,特别是事关"生死"的撤离。才半个来小时,学校就安静了下来。学生走了,老师也走了。我平生第一次听到下雪声。原来下雪也是有声音的。"簌簌,簌簌",有点急促,还有点哀怨,仿佛他们是极不情愿地被天公抛了下来。

就在这时,电话响了,是李静静打来的:"何老师,明天我们童话课不上了吗?"

她这一问,倒提醒我明天又是周六,是我们小鲤鱼文学社上课的日子。我说:"我没说啊,谁说不上的?"

"你听,何老师他没说不上。"电话那头传来李静静有点责怪的声音。

"静静,你在跟谁说话?"我问。

"我妈,她说明天童话课肯定不上了。"

"哦,你妈怎么说肯定不上了呢?"我觉得有点奇怪。

电话那边沉默了一会儿,静静有点不高兴地说:"我妈说是雪大,就不送我过来上童话课了。我想这不是真正的原因……"

我竖起耳朵,想听这位有主见、有个性的女孩分析"真正的原因",可电话里是一个委婉、客气的声音:"何老师,我是李静静妈妈。静静这两天身体不大好,下雪天天太冷,明天童话课我们家静静就请假了……"电话那头,传来静静响亮的反抗声:"你撒谎,我没病,我要上童话课去……"

电话断了。很显然,是静静妈妈挂的。

会飞的小白兔本就存一番热心,利用自己会飞的本能,摘来了星星送给一直生活在黑暗中的小老鼠……

——《"萝卜"回来了》

我走出办公室，雪小多了，差不多停止了。虽然已近傍晚，但白雪的光亮，还是将整个天空照得十分明亮，甚至比白天更亮。我听出来了，李静静妈妈强烈反对她女儿参加小鲤鱼文学社。

就在这时，我想起一件事，大约已过去有个把月了。那天在学校门口，我碰到静静妈妈，她主动对我说："您就是何校长啊，我听我们家静静说，您教他们这帮孩子写童话很有方法，既有趣，又有效果。我家静静能参加您这个文学社，真是三生有幸啊！静静说，何老师教作文，是一步一步来的，先教童话再教考试作文。"静静妈妈很会说话，尽管用了"三生有幸"这种听起来让人浑身竖起汗毛的夸张形容，但我还是听出了她的话中之话，那就是她想让她的女儿学写考试作文。

我笑笑说："谢谢静静妈妈，我也没您说得那么好。"我想了想问，"不过我想问您，让静静写童话不好吗？"

"好也是好的，但童话毕竟不用考试。我表哥也说了，考重点初中都是要写考试作文的。"静静妈妈急急地说下去，"上重点初中差一分就是一万块钱，作文是最能提分的，当然也是最容易失分的。"静静妈妈说得现实、实在，让人无法挑剔。

我本来想好一大串诸如"童话对接儿童天性，童话释放儿童生命活力，童话开启儿童智慧，童话触发儿童想象"的话，但面对静静妈妈如此实打实的回答，我觉得要在校门口这样一个开放式的大空间说动她，无异于让鸭子打鸣，让公鸡游水。

我"嗯嗯"地敷衍着，逃也似的躲开了静静妈妈。

三

第二天,雪后的天空,艳阳高照,蓝得如洗。我们小鲤鱼文学社照常活动,但作为社长的李静静没来。我说她病了,但边上有位和李静静做邻居的男孩,气呼呼地说:"她装的,中午我还看到她和她妈妈上街去了。"

男孩这么一说,有人立即说要撤了李静静的社长,我们小鲤鱼文学社又不是她想来就来、想走就走的。我强压着不快,向孩子们劝说道:"童话是善良的,我们要像童话里一样学会宽容待人。"

两节课以后,孩子们回家了。往常我总是利用这段空隙,修改文学社孩子刚刚写完的童话习作。可这一天,我无论怎样,思想都不能集中到修改当中,耳边不时回响着教育局的电话、李静静妈妈柔软的声音,还有李静静声嘶力竭的反抗声。

真没想到,我牺牲自己的休息日,带孩子们写童话,不但不收分文,还赔纸赔笔,课后又要修改,又要打印,又要帮助投寄,这般大量的付出,换来的竟是做出书面反思的结果。我为自己的"犯贱"而摇头,为自己的"作孽"而苦笑。

就在这时,楼梯口传来了急促的脚步声。"这么晚了,哪个学生忘带东西了?"我拉开了办公室门。

是李静静。她红着小脸,气喘吁吁地奔向我。

"静静,你这是怎么回事?都这么晚了。"我赶快扶住了她。

静静大口大口地吐着粗气,好半天,总算平静了下来。她用大大的眼睛望着我:"何老师,你有没有哭啊?"

"没哭啊!"我被问得一头雾水,但还是十分真诚地回答她。

"你真勇敢!"静静警觉地望了望了四周,那模样像极了电影里送情报的小交通员,"何老师,我告诉你,我妈给教育局写信告你去了。"

我一怔:"唔,你是怎么知道的?"

"我妈刚才在电话中对我爸说的,"静静说得一本正经,"被我听到了。她说前两天就写信告你了,说你不教学生好好写作文,害得学生考试成绩直线下滑。她简直就是瞎说,上次我没考好试,还不是因为她叫我背了一个晚上的作文。我人都困死了,考试时就睡着了,又不是写童话造成的。她还对我爸说,教育局肯定要处理你了,说不定会撤你职,让你走人。何老师,您不会被调走吧?"

静静的话,像块巨石,压得我有点透不过气来。望着天真的静静,特别是她眼里噙着的泪花,我忽然又觉得如同置身于一个清澈的大湖旁,那样的纯净、安宁、赏心悦目。

"不会的,即使被调走,我也会回来。你还记得我给你们讲过一个童话吗?说小白兔把萝卜送给小猴,小猴又把它送给小熊……"

"是的,我知道,这个故事叫《萝卜回来了》。"静静笑了。我也笑了:"是啊,萝卜还会回来,何况老师长了腿呢!"

我和静静都笑了。

毕竟是孩子,她说完了,就甜甜地跟我说再见。还说,下星期,她一定要上小鲤鱼文学社的童话课。她说她最想上的就是我的童话课。我和她拉了钩,约定下次课上,我再给他们讲一个我写的童话。

四

可是我也和静静一样天真了。下周一,静静没来学校读书。班主任老师去家访,她家大门紧锁着,打静静妈妈的电话也没有人接。这是怎么回事?后来问了村干部,村干部说:"李静静和她妈妈去上海了,她不再到金近小学读书了。"

静静的班主任觉得十分奇怪,再过一个星期就要大考了,一向重视孩子成绩的静静妈妈怎么会在这个时候让成绩一向优秀的静静再转学?可是我觉得并不奇怪,当然,我这话不能对她说,我也不想在这个时候对学校里任何一个老师说,我怕影响大家对童话写作的信心。我写了"反思",当然更多地说明了开展童话写作的理由。

李静静走了,我的"反思"交了,我反而变得淡定起来。周六的小鲤鱼文学社童话课上,我照样教孩子们编童话,乐得孩子一个劲儿地缠着我:"再上一节课!就一节!"

我从容地等待着教育局的宣判——撤职或调离。

那天,是学校的期末考试,我接到了一个电话,打电话的是李静静妈妈的表哥。他在电话中对我说了无数次抱歉,怪他没有劝住他表妹,让静静好好地转了学。我说都转了,也好,换个环境对人的成长也有好处。

他在电话那头,有点不好意思地说:"静静这次在上海的学校里考试,语文考了全班第一。那里的语文老师说,这孩子写的想象作文令人拍案叫绝,说只有经过专门训练的人,才能写出这样童话式的作文。他们班上其他孩子根本写不出来。我表妹开始后悔给静静转了学,静静又哭着闹着要到您这里上学。我表妹知道自己理亏，再也没有脸面来对您说，所以只好请我来说个情，让静静下个学期能够继续到您这里来上学。实在过意不去，请您多多包涵！"

就这样，李静静又回到了我们学校。

那天是新学期开学第一天，除了李静静，还有静静的妈妈、爸爸和奶奶，全家抱团来到了我办公室。

静静妈妈显得心情沉重，她几乎是从进门到出门，话讲得最少、头低得最低的一个。静静妈妈只讲了一句话，而且声音很轻："何校长，我对不起您！"

这么一个口若悬河的演说家，今天才讲了这么一句，但足够了，因为是发自内心的。

"哪里，我可以理解您。"我笑道，"其实您和我们老师一样，都希望孩子好。"

静静叫着"何老师"，仿佛打了个胜仗似的，不无自豪地望着我笑。那笑，绝对是无声推开来的花瓣，一层一层，夺目，亮丽。我轻轻地拍着她的肩膀，笑道："静静，萝卜——"

"回来了！"静静跳起来喊道。

第五章　念恩

老乡金近

命运是风,让你永远无法捉摸,更别奢望追查行踪。比如,有些一辈子与你相处的人,心却遥远得如同生活在两个星球,永不相逢;而有些从不相处,甚至从未相见之人,只凭神交,就靠意会,却像石头上刻下的字,铁板上烙出的画,从不忘记,永不磨灭。

一

金近,三十多年前,我第一次听到这个名字的时候,无论如何也想象不到,这个普通的名字,竟会成为我生命里石头上的字、铁板上的画。

那是1983年的11月3日,我在家乡小学代课。这一天课间休息,陈校长把一本书放在我的办公桌上,笑道:"大作家,知道《小猫钓鱼》的作者是哪里人吗?"

我从小就喜欢看戏、听故事,识字后,酷爱读书、看戏文,算是个文艺青年,空时也写点小文章,发表在我们县里的报刊上,老师们因此戏称我为"大作家"。虽然我读过《小猫钓鱼》,也教过二年级语文书里的这篇童话,甚至能将整个故事背下来,可是还真不知道这个故事是谁写的,更不知作者是哪里人氏。

我瞥了一眼,陈校长放在桌子上的是一本《小朋友》杂志。

陈校长显然看出我答不上来，友好地一笑说："杂志第十三页有介绍，这个人还是我们前庄村人。"

啊？《小猫钓鱼》的作者是我们前庄村人！我迫不及待地将杂志翻到了第十三页。没错，在这页的右下角，清清楚楚地写着："《小猫钓鱼》的作者：金近，我国著名儿童文学作家，1915年出生在浙江省上虞县四埠乡前庄村。"

我仿佛不相信自己的眼睛，又好像怀疑杂志有假，合起来又翻开，将这一排文字读了几遍。一点儿也没错，白纸黑字，金近就是我们前庄村人。可这么有名的作家，怎么可能是我们这个穷乡村的人？在我们家乡，金姓是大姓，那么这个叫金近的大作家又和谁家是亲戚？他的父母是谁？

我带着"十万个为什么"回到了家，向出生于1908年的父亲打听金近之事。父亲很肯定地说："这个叫金近的，是高先生家的儿子，小名叫大阿毛，听人说起过，好像大阿毛是在北京，会写文章，很出山（家乡方言，有出息的意思）。"

"他爸姓高，可儿子怎么会姓金呢？"我不解。

"这个我也不知道了，他们一家早就搬离了前庄。"父亲的回答真是令我失望。

但父亲的一句话，鼓励了我去"打破砂锅"："这个叫金近的有没有地脚（家乡方言，地址的意思），有的话，你写封信去问问就知道了。"

地址倒是没有，但父亲的"解题"思路，无疑给了我探索的方向。通过一段时间的搜索，我终于在陈校长的帮助下，知道了金近先生是团中央《儿童文学》杂志的主编。那位老师还将抄有《儿童文学》编辑部地址的一张小纸条捎给了我,让我兴奋得连夜给金近写信。

现在看来,那是封极为可笑的信。与其说是信,还不如说是习题汇总。除了一开头的自我介绍外,其余的是四道问答题。一问:"金近老师您是不是前庄人?如果是,记得村里哪些人、哪些地方?"这样问,好像我是派出所负责户籍管理的。二问:"您的父亲是不是高先生,大阿毛是不是您的小名?如果是,那您后来为什么姓金?"依然要查清人家的户籍,大有查不清就不给人家上户口之意。三问:"您在北京,有没有重回家乡的想法?"想不想回家,纯属个人行为,人家根本没有必要向我报告。四问:"我也喜欢写故事,可就是写得不动人,能否请您帮助指导?"严格意义上说,还是这个问题提得不像考试,稍稍讲点礼节。

说实话,那时,我还真没有完全相信金近就是家乡人,甚至从心底里怀疑家乡是否真能"产"如此名人。

第二天,当我把给金近写信的事给陈校长和其他老师说了后,办公室里笑翻了天。有的老师捂着肚子笑话我天真得近似于白痴:"人家在北京做上了大作家,凭什么接受你的'审查'?"有位老师不无讽刺地接话:"癞蛤蟆能吃天鹅肉吗?"

被老师们一说,我羞得无地自容,脸烫得可以烧水。我后悔自己做事冲动、冒失,不但写了,还把信投进了邮筒。

后来几天,我在心底暗暗感激老师们淡忘了此事,不再拿我做笑柄。大约一个星期后,我正在校门口值下午班,邮差交给我一个牛皮信封。我一看,寄信人的地址是一行印刷好的红色楷体字:"中国少年儿童出版社",后面用蓝色墨水署着"金近"二字。

啊！难道真是金近先生给我的回信？我的心激动得跳到了嗓子眼儿，整个身子轻得就要飘起来。我冲进办公室，像中了大奖似的，扬着手里的信："金近给我回信了，回信了！"

办公室里的老师以为我中了邪，纷纷起身，用异样的目光看着我。一向敏感的我，此时就像一个进入角色的演员，完全不管别人的感受，大声地念起信来："夏寿老师：您好，来信收到。我是金近。你父亲说的没错，我小名叫大阿毛……先父叫金文高，识得几个字，常为乡亲写封信写个条什么的，村里人常尊他为高先生……"

我读得响亮，读得旁若无人。

在这封长达两千多字的回信里，金近不但十分具体地回答了我的"提问"，而且也扩充了好多他对家乡的记忆，让我确信他是彻头彻尾的家乡人。他说："小时候我跟父亲到海里去捉黄泥螺。这黄泥螺可以鲜吃，也可以腌着吃，那种口味，真的称得上是人间美味。虽然我身居遥远的北方，但偶尔见到商场有黄泥螺出售，我都会毫不犹豫地买来吃。我吃着家乡的味道，思念着遥远的家乡。夏寿老师，感谢您为家乡的孩子教书，我向您深表敬意！如果您有创作上的需要，尽管向我提出，我一定尽力而为。"

我读着读着，眼睛模糊了，眼泪像跟我玩捉迷藏似的，遮挡了我的双眼。信中的每一个文字，犹如一个个热情的火球，把我烘烤得全身发热，我觉得自己就要燃烧了。

陈校长走过来，从我这个被幸福击昏了的人手里，拿走了信稿。他理智而谨慎地看完信后，哈哈大笑："你真是个大作家，连地址都没写，就给金近寄信了。"

是吗？我从陈校长手里取回了信。果真，金近先生在信的最后说："也许您工作太忙，您给我的来信中忘了写上寄信人地址。这对我来说没什么，我是永远记得家乡是浙江省上虞县前庄村的，但如果您以后给人家投稿，请一定写上自己的地址，否则人家就找不到您了。当然，这是小事，顺便提一下。夏寿老师，请接受我对您的感谢，感谢您在我的家乡教书育人！"

我为自己的冒失而感到羞愧，更为金近先生对家乡的深情而感动。那天晚上，我无论如何也睡不着，半夜起来开窗，望着宁静的星空，我似乎看到一个清清瘦瘦的老人，正伫立在北京的书房里，遥望着南方的夜空，叨念着"举头望明月"。我甚至望见了那位老人深情而期盼的目光，饱经风霜但依旧明亮。

自那以后，我和金近先生开始了不间断的书信往来。我对先生的感情也从崇拜慢慢变成"迷信"。

我感谢"迷信"，因为"迷信"让我阅读了金近先生寄给我的一批又一批儿童文学作品——大都是他的作品，也有他朋友的著作，诸如张天翼的、严文井的、陈伯吹的，等等。每个名字，都会在中国儿童文学界这面大锣上，敲击出震耳欲聋的响声。那段时间，我真的感觉四季没有夏秋冬，日子天天都是春。这些阅读，为我日后开始童话教育奠定了较为坚实的基础。

二

读多了书，好像见多了风景，往往容易对所见所闻，发表一些自己的看法。善于发表自己的意见,这固然是一种良好的品质,但把握不好,过于直接,不加任何掩饰地表达,则近似于无知。我常常会在夜深人静的时候,深深自责,自己也不能原谅自己。

那是1986年春,我们前庄小学新盖了一排两层的校舍,还新建了个校门。那时候,学校也换了新校长。新校长说,学校的校门要搞得有文化一点,有教育意味一些,很希望能请金近先生为我们题个词。他知道我和金近先生长期有书信往来,让我写信去跟老人说一说,还说他征求了乡领导的意见,如果金近先生同意题写,可以付给一定的酬金。

若能请金近先生为自己的学校题词,日后便天天能看到金近先生题写的校门,这是一件多么美好的事情!我立刻给金近先生写信求题词。金近先生很快复信了。首先是祝贺学校盖了新楼,为表示自己的心意,他说通过邮局给学校寄去了一包图书,请我收到后转交给学校图书室,让孩子们阅读。他还说希望学校能在校园里种些树,净化空气,对孩子身体有好处。最后说到题词的事,他说自己从小写不好毛笔字,允许他练练后,过段时间完成"作业"。至于酬金,他说哪有向自己家乡收取礼金的规矩?这个"创新"要不得。老作家说得幽默风趣,让我联想到夏天夜晚,生产队晒场上讲呆乱潮事(民间故事)的老大爷。

大约过了半个月的样子,我收到了金近先生寄给我的挂号信。信封很大,里面装的是三幅大小不等的条幅,上面写着大小不同的"前庄完小"四个字,还有金近先生的签名。

我和校长及学校其他老师,如获至宝,看了一遍又遍。说实话,金近先生的毛笔字确实一般,但清秀庄重,干净利落,像是微风中挺立的劲草,工整不失活泼,三幅字都适合做小学校门。可美中不足的是,三幅题词中,前庄完小的"庄"字,都多加了一点,成了不折不扣的错字。尽管校长说，在做校门时，我们可以通过技术处理，把这个"庄"字改过来，但我还是把情况如实告诉了金近先生，并且多余地说，如果不改，孩子们肯定会说"金近爷爷写字也这么粗心"。

当我把去信指出金近先生写错字的事说给校长听后，校长十分严肃地说："你真是的！这下完了，金近先生怕是再也不会跟学校有任何往来了。"

但没过多少天，我意外地收到了金近先生寄给我的挂号信。打开一看，是一张书写无误的"前庄完小"宣纸，还附上了一封简短但令我终生难忘的信："何老师，我非常感谢您帮我修正了一个错字。我这个'庄'字的写法，是过去我们前庄村人的写法，现在看来完全是个错字。作为一名小学老师，一定要教给孩子正确的文字。从您的来信中，我完全相信您是一个十分严谨负责的老师。家乡的孩子会因为有您这样的老师而受益的，我为家乡有您这样的老师而自豪。"信的落款是"粗心的金近"。

读着来信，我感动得差点落泪。

自此以后，我和金近先生的通信更趋频繁了。在金近先生的指导下，我还学写了几篇童话，一个接一个地寄给了他。他一篇一篇地帮我修改，虽然一篇也没有发表出来，但还是让我学到了一些关于童话写作的要领。金近先生的来信中，时常提及孩子们读书做人的事，并向我打听一些村子里的变化，还特别询问他儿时一些伙伴的近况。我除了调查走访作答，也几次邀请金近先生来家乡看看。

有一次，那是1989年，金近先生在信中对我说，人越老越思乡，今年夏天，他想回家乡看看。我把情况告诉了校长，校长也出面书信邀请，金近先生回信表示一定过去。校长把情况告诉了乡政府领导，乡政府领导也发出了邀请。

5月19日,一位在北京和金近先生一起工作的作家——谷斯涌先生,在乡政府领导的陪同下,来到了我们前庄完小。他主动找到了我,对我说:"何老师,这一次我回故乡上虞,我们单位主编金近先生一定要我来见见您。"

"哦,金近先生说是今年也要回家乡的。"

"是的,本来我们俩说好的,一起来。"谷斯涌先生很沉重地说,"可是,上个月,他不幸得了脑溢血,幸亏送得及时,才保住了命,现在连生活还要别人料理……"

谷斯涌先生的话越说越轻,我的心变得越来越沉,我感到自己整个身子像被谁施了魔法似的,不会动,动不了,好半天,不说一句话,不变一个坐姿。

"金老师现在怎样了?"我终于恢复了说话的能力。

"还好,正在慢慢地好起来。"谷斯涌先生对我笑笑,平静地说,"昨天,我还去了金近先生家,他还让我看一大堆他练写'前庄完小'的废旧宣纸,还对我讲了您帮他改错字的故事。他说,给孩子们写文字,如同给孩子做糕点,安全是第一位的,其次才是样子。写了错字给孩子,那是不安全的,要误人子弟的。我差不多就要制造文字毒品了,幸好何老师替我把关。他一再叮嘱我,要我代他向您致谢!"

我感动得有点不好意思了,赶快把自己最近了解到的关于这个"庄"字的故事背景,原原本本地讲了一遍:"我问过了,其实那个'庄'字,是过去我们前庄村人出外捕鱼,为讨口彩而有意加上去的,希望鱼打得多一点,日子一点一点地好起来,根本不算错字的。"。

"哦,还有这种说法。"谷斯涌先生深情地说,"金近老师为人特别谦虚、诚恳,好多事本来就不是他的错,但他总是自责。"

"但愿他能早点恢复健康,我们学校的孩子真想见见他。"我说得婉转,其实我自己才是最急切盼望跟金近先生握个手、合个影的人。因为,自这个"庄"字的事情之后,他已成了我的精神之父。

"他一定会来的,因为他还没有当面向你致谢!"不愧都是搞儿童文学的,谷斯涌先生的话也说得活泼幽默。忽然,谷斯涌先生想起了一件事,从随身的书包里拿出一本书,递给我:"差点忘了,这是金近老师新出的一本书,他要我送给您,说可能对您写童话有用。"

我接了过来,是一本崭新的散发着油墨清香的书,书名叫《童话创作及其它》,一看就是金近先生的笔迹。翻开书,扉页上是金近先生的蓝色钢笔字签赠:何夏寿老师雅正!再一看,签的还是上个星期的日子。

听着谷斯涌先生的讲述,捧着金近先生送上的书籍,特别是金近先生依然活泼有力的签名,我想象着在不久的将来与先生见面的景象该是如何的温暖与美好,神圣而自豪。

三

那天晚上,我做了个梦。农历八月十八,家家户户的园子里,桂花怒放,满村子的空气都从桂花里过滤了,香得连癞头狗也可抱着亲吻。村西边的五龙庙里吹响了咿里哇啦的号子,一批画了眉抹了粉的汉子抬着威武的元帅菩萨,神圣而庄重地走出了庙门。有人在高喊:"庙会开始喽!"于是,戏班子的锣鼓家什敲得欢快激越,舞狮的队伍跳得热情奔放,看热闹的老人、孩子和妇女兴奋得像上紧了发条,拍疼了手还在使劲地鼓掌，喊破了嗓子还在用力地叫喊。这时候，金近先生来了，他着一身家乡青灰色的对襟衣衫，款款走来。他真的来了，来到了他写了无数次的"家乡庙会"的现场，来到了他魂牵梦萦的故乡前庄村。

我迎了上去，他也认出了我。我们的手紧紧地握在一起。他再一次向我致谢，说我帮他改正了"庄"字。我说："没错没错，就这多加的一点，恰恰证明了您是地地道道的前庄村人。"金近先生笑了，笑得跟我的老父亲一样，爽朗舒心，可亲可敬："是的，一点一点，我们前庄村人，从来都是老老实实、规规矩矩的，从不夸夸其谈、好高骛远。"

"对的。您的身体也在一点一点地恢复健康，是吧？"我主动伸手去握他，这下，我的梦醒了。

可是，梦与愿违，就在谷斯涌先生回去后不久，7月9日，我从广播里得知，金近先生因为脑溢血复发，离开了这个处处让他留恋、感恩的世界，离开了他一直想回但终究没有回去的故乡。

望着校门口高高悬挂的"前庄完小"四个金色的大字，我的泪水流得连成一线，又断成一点、一点……

"金近先生，我们一定等您回家。"我在心里默念着。

几年以后，我当上了学校校长，征得金近夫人的同意，我将学校更名为金近小学，校内塑起了金近先生的大理石雕像，建起了金近先生纪念馆。我还积极参与上虞市政府和中国作家协会、《儿童文学》杂志社合作设立面向全国的"《儿童文学》金近奖"事宜，几次赴京洽谈。

每天早晨，沐浴着新一轮升起的朝阳，踏着学校广播里金近先生的《劳动最光荣》的歌唱，凝望着广场正中含笑端坐的金近先生雕像，穿过全天开放的金近先生纪念馆，我忽然觉得，谁说我和金近先生素未谋面，谁说金近先生没有回家？其实金近先生一直和我相亲，永远生活在他热爱的故乡大地。

"小时候我跟父亲到海里去捉黄泥螺。这黄泥螺可以鲜吃,也可以腌着吃,那种口味,真的称得上是人间美味。虽然我身居遥远的北方,但偶尔见到商场有黄泥螺出售,我都会毫不犹豫地买来吃。我吃着家乡的味道,思念着遥远的家乡……"

——《老乡金近》

树根深深

我相信命运。命运安排给你的好人,无论你穷困潦倒抑或一文不值,都会不声不响、不离不弃地降临,让你时时感受到生活是如此眷顾你、垂爱你,世界是那么美丽可爱、楚楚动人。

一

1996 年,上级任命我为四埠小学校长。四埠,原是上虞县的一个乡,有近两万人口。四埠乡中心小学是该乡规模最大的一所小学。学校建在乡政府旁边,和当地的其他事业单位一起,共同组成全乡的政治文化中心。20 世纪 80 年代,处于鼎盛时期的中心小学拥有学生二百五十六人,下辖十所村小。到了 20 世纪 90 年代的第三个年头,上虞撤乡并镇,原四埠乡划归附近的沥东镇管辖。此后,四埠乡中心小学便成为沥东镇小的一所下属完小。

沥东镇和四埠乡相依相偎,是兄弟乡镇。沥东镇小和四埠乡小原本都是教委直管的单位,是平起平坐的兄弟学校。但仅仅因为撤乡并镇的缘故,这两所学校的身份产生巨变,沥东镇小荣升为"父亲",四埠乡小降级为"儿子"——四埠小学。老校长感叹英雄暮年,壮志难酬;老师们更觉灰头土脸,年华黯然。

在老校长的多次推荐下，我走上了四埠小学的管理岗位。

大凡新官总带着三把火。上任后，我不无"火气"地对老校长说："我们学校离镇上远，乡政府又撤了，生源不好，周边也没有辅导班之类的培训机构，光拿应试成绩和镇上学校比肯定没有优势，我们能不能在不放弃教学质量的同时，走特色办学之路？说不定能闯出一条路来。"老校长很同意我的想法，鼓励我试试。可是我也不知该从什么地方着手，从哪个地方去"放火"。

有一天，我们市里有位老作家来找我聊天，说起了省作协儿童文学创作委员会暑假里有个青年教师文学培训班，动员我去参加。我一听，当场报名。

那年8月10日，我和青年教师李立军来到了浙江省文艺大厦，参加正在这里举行的浙江省首届儿童文学新人创作培训班。

培训班开始的第一天，开幕式上来了许多领导，主持会议的是个瘦长老头，头发稀疏，长着两颗大门牙，要不是肤色有点白净，我还以为他是刚从地里种完庄稼赶来的老农。

"老农"的主持风格也很有"农味"，他介绍台上就座的领导时，会从会议主持人的位置上走到领导跟前，拉着人家的手，报上一通人家的头衔，还讲一些自己和他的交往，讲得絮絮叨叨，像在拉家常。旁边的郑志刚老师小声地对我说："他叫倪树根，是浙江省作家协会儿童文学创作委员会主任，为人很朴素、亲和。"

哦，他就是倪树根啊。一个好有名的大作家，前些日子，我刚给孩子们上过他写的童话《笋芽儿》的课。这么有名的一位作家，今天竟然降临在自己身边，我像历尽千辛万苦的追星人终于追到了心中的偶像一样，心激动得怦怦直跳，双眼一眨不眨地追随"老农"，怕他天外来客似的转瞬即逝。

我承认自己有"心"无"胆"。在培训的十天时间里，虽是天天见到敬爱的"偶像"，但就像星星天天环绕着太阳，而从来不曾和太阳相拥一样，直到培训就要结束了，我也不敢向倪树根主任问个好，握个手。我自卑地想：人家是著名作家，又是作协领导，是大树，而我，一个乡村小学的老师，连棵小苗都算不上，怎么有资格和大树对话？

但缘分往往是注定的。培训结束即将返程的那一个下午，有人提议，为方便今后联系，让参加培训的老师自我介绍所在学校。轮到我时，我拘谨地说："我来自上虞区四埠小学，可能大家不知道四埠，但是大家一定知道《小猫钓鱼》。四埠就是《小猫钓鱼》的作者、著名儿童文学作家金近先生的故乡……"

我的介绍还未完，坐在台上的倪主任好像中了大奖似的，兴奋得两眼放光。他急不可耐地拿起话筒，用激动得有点发颤的声音，大声说："真没想到，我们的培训班上，还来了金近同志故乡学校的校长。这位校长，你叫什么名字？"

还没等我回答，"偶像"又开始拉家常了。这次他讲的是自己怎样和金近先生认识，以及后来在北京开会，金近先生邀请他去家里吃饭的事。他还补充说金近先生在浙江做过作协领导，也到过他们家，等等。他讲得很专注，很投入，完全沉浸在回忆之中。事后，我才知道，原来倪树根主任跟金近先生有着几十年的交往，那深厚的友情，恐怕一次会议还说不完。尽管金近先生逝世已近十年，但他对老友的思念从没有因阴阳相隔、时间蹉跎而淡化。这次意外碰到来自金近先生故乡的老师，那份亲切与欣喜自然溢于言表。

大约讲了十来分钟昔日"行路难,多歧路"的故事,倪树根先生突然话锋一转,颇有豪情地说:"金近先生是我们浙江文学界的光荣和骄傲,他为浙江儿童文学的发展做出过极大的贡献。金近先生故乡的小学如果能开展儿童文学教学,我们省作协儿童文学创委会一定会给予大力帮助和支持。"他说得大有"直挂云帆济沧海"之势。

终天找到"放火"的点了,我高兴得差点儿跳起来。

就要离开这个温暖而快乐的会场了,倪树根主任健步从台上走到我的身边,一把拉住我的手,像父亲看着久别的儿子,关心地问我学校里的情况。我告诉他学校地理位置不好,办学质量也不是太好,师资条件也不行,想搞特色也不知从何入手。他听后,鼓励我说:"你年轻,有思想,学校可以从童话入手,让孩子们多读童话,多讲童话,这样孩子们就会喜欢读书,他们喜欢读书了,学校就会一点一点地好起来的。"也许他觉得这样说还不能增强我的信心,他还叮嘱,若在童话写作方面需要帮助,他一定会尽力而为。

我握着他有力的手,觉得自己真的碰上了"童话",那样美好,那样诗意。

从那以后,我们开始了十分密切的交往。起先,我称他为倪主任,慢慢地,我改变了称呼,有一次,我竟脱口而出:"倪伯伯。"

他爽朗地笑道:"这称呼好,这样我们就成亲戚了。"

成了"亲戚"的倪伯伯,对我眷顾得更多了。

在他的指导下,我确立了童话教育的办学理念,开展了以童话为载体的特色办学实践。倪伯伯亲身来我们学校,辅导孩子们写童话。为加强指导，他还选派全省知名儿童文学作家来我们学校免费指导写童话。孩子们在省内外报刊上发表了几十篇童话习作，倪伯伯高兴得直夸我工作做得到底。这哪里是我的功劳？当然，倪伯伯从来不说，他为了我们的自信；我也从不提起，让倪伯伯看到我们多么自信。

二

但是，有一件事，倪伯伯几次对我说必须这样做，我也几次对倪伯伯解释我无法这样做下去。可他还是像个认死理的老农似的，一定要我千方百计地去做成。这件事，就是将学校更名为金近小学。

此话说起来有点长。随着开展童话教育时间的增长，倪伯伯大概觉得我这个校长做得还可以，几次鼓励我向政府请示，将四埠小学更名为金近小学。我觉得倪伯伯说得极是：这不光能让一代一代的孩子记住乡贤金近，更便于学校进一步开发资源，办好学校，造福一方百姓。当我把自己的想法向领导们汇报后，他们提出了自己的看法：四埠是一个地名，从清末沿用至今，在本地具有广泛的知名度。如果以金近命名学校，不但本地百姓会觉得别扭，甚至会让人家不知道这所学校设在哪里。

学校毕竟是政府兴办的，校名不能随便改。

可倪伯伯不死心。

1999年11月9日，倪伯伯打电话给我，说是中国作协书记处书记高洪波同志将于明天来我校参观。"啊，中国作协领导来我校，我不会听错吧？"那感觉，仿佛自己真成了小鲤鱼，跳过了大龙门！

"是真的。省作协已经打电话给你们市府办了。"倪伯伯在电话那头说,"我把高书记请到你们学校,除了让高书记感受你们的童话教育,还希望借高书记的影响,争取将学校更名。"

"哦,这倒是极好的。可是高书记会同意吗?"我还是有点担心。倪伯伯在电话那头爽朗地笑道:"高书记这边没问题。"

第二天上午,阳光好像迎客似的,笑得特别灿烂,把冬天整理得很温柔很舒适。

贵客来了。高书记乘坐的小车驶进了学校大门。倪伯伯第一个下车。这应该是他第五次来学校了。紧接着,是高高大大的著名作家、中国作协书记处书记高洪波先生及他的同行。另一辆车到了,下来的是上虞市委副书记卢一勤同志,当然还有我们镇的镇长、分管副镇长等。

倪伯伯好像回到了自己的家里,边走边向高书记介绍学校情况,还要我带着高书记参观校园。一所小学的校园实在没有什么可看的,除了一幢丁字形的教学楼,便只剩一个小小的煤渣铺成的运动场和几棵才种下不久的小樟树。

倪伯伯对我递了个眼神,我赶快把客人们带到我们的雅室——少先队队室。

与校园中的其他教室相比,少先队队室令人感到鲜亮了许多,尤其是队室四周墙壁上布置的介绍金近先生的展板,吸引了高洪波书记的注意。作为一名作家,自然关心学校的文学教学,何况置身于金近先生故乡的小学里。

金近先生曾经对高洪波先生的创作给予过指导。高书记一边看,一边向陪同领导讲着自己与金近先生交往的故事,其中的生活趣事、创作背景，大大地扩展了展板的内容，陪同的领导们都听得入了神。

但我没有"入"，我知道自己不能"入"，因为我还有"任务"。可怎么开口呢？我紧张得手心发热。

这会儿，高书记对陪同的领导们历数着浙江文学界的知名作家，讲到了鲁迅，还讲到了他去过鲁迅中学、鲁迅小学。他说现在有很多地方，文化意识特别强，其中名人文化引起了普遍的重视，比如用名人的名字命名学校，这是种很好的文化保护和传承举措。

话已讲了，锣已敲了，我必须出场了。我将早已准备好的关于将学校更名的设想，像背台词一样地当众"背"了一番。

高书记毕竟是高书记，一等我说完，他一脸喜色，对一旁的市委卢副书记说："这是件好事。我看金近不但属于沥东镇，也属于上虞。卢书记能否在全市范围内找一所合适的小学，将它更名为金近小学，然后让学校以金近的童话开展教育，办出特色？这是一件功在千秋的好事。"

时不我待，眼见本镇资源将拱手让于别的乡镇，还不等卢书记接话，吴镇长便抢绣球似的说："这件事，我们镇里昨天专门论证过，我们已经打算将四埠小学更名为金近小学。今年年底办妥此事，新年第一天起，学校更名为金近小学。"

到底是镇长，说得雷霆万钧。

倪伯伯送来了祝贺的眼神，我回赠了感谢的目光。

果不食言，新千年的第一天，镇里请了市镇一大批领导，共同庆贺学校更名为"金近小学"。那次，倪伯伯没有来。他在电话里对我说："打仗我参加，庆功就免了。"

倪伯伯说得就跟他写的童话一样，轻松，幽默。

第五章 念 恩

三

我无论如何也没有想到,其实那段时间,倪伯伯因对我过于"亲热",正遭受着别人的非议。甚至有人还专门向作协领导告了倪伯伯一状。罪名有三条:一是私心极重,到小学校谋私利,收讲课费;二是滥用职权,任意让这所小学的多位老师参加培训,其费用在作协专项经费中开支;三是自由主义,擅自将"浙江省青少年培训基地"的牌子授予这所小学。

而我当时是不知道这些的。

一年后,倪伯伯的好友——浙江省作协儿童文学创委会副主任吴光松老师来我校讲课时,告诉了我这件事。他说,为这事,七十多岁的老倪还专门向作协领导进行书面解释。吴光松老师补充说,老倪人好,根本不可能做假公济私的事。

事实上,倪伯伯来我们学校讲课不但不收一分钱,还总是自掏来回车费;至于我们学校每年选派老师参加培训,都按规定交了费;而牌子的事,连作协自己都觉得简直就是笑话,既然以作协的名义授牌,原本就是经过作协党组审批的,根本不存在擅自授牌的可能。

想不到,倪伯伯这么潜心帮助我们,竟然因为我们遭受了无故的冤枉,我觉得十分过意不去。

我选了一个日子专程去杭州看望老人家。待我把话挑明后,他依然爽朗地大笑着,好像谈论别人似的,大声说:"他们爱说爱写,那是他们的事,我们谈我们的。"他这一说,弄得我倒不好意思在背后去非议人家。

望着倪伯伯越来越稀少的头发,越来越深陷的眼眶,我感动得眼睛阵阵发热,话讲得有点哽咽:"倪——伯伯,谢谢您!"

"不用不用。"而后倪伯伯嗫嚅着,许久没有说出话来。我发现他浑浊的眼睛里泛着亮光。他大概也发现我在看他,稍稍背了一下身子,出乎我意料地说:"何夏寿,其实我应该谢你。"

"您谢我什么?"我被说得不好意思极了。

"你们教育中有个叫什么原则——"倪伯伯停下了,呷了口茶,他在竭力回忆那个原则,"哦,叫因材施教。"

我不知这个因材施教跟我们的谈话有什么关系。

"我觉得搞教育要因地制宜,你们那里有金近,用好金近的童话资源,这就叫因地制宜。"

刚才说因材施教,现在说因地制宜,我被倪伯伯说得有点糊涂了。

"你们利用童话,激发学生兴趣,开拓学生想象,这样就是因材施教。"倪伯伯示意我喝茶,他自己也喝了一口,随后,他一脸认真又诚恳地说,"这几年来,你用家乡名人金近,运用小朋友喜欢的童话,在因地制宜、因材施教方面开展了实践,你们学校现在已经是浙江省示范小学了。你的探索,为我们儿童文学与儿童教育携手共进,提供了很好的经验。你说,我们儿童文学作家要不要感谢你?"

"这么说来,倪伯伯您还真有私心哪!"我笑道。

"是啊,你的私心为教育,我的私心为创作。"倪伯伯的笑,灿烂得如同天真无邪的小孩,他开心地指了指自己又指了指我说,"其实,我们都为共同的人而存有私心。"

"为谁?"

"为孩子啊!"

到底是写了一辈子儿童文学作品的老作家,他心中,珍藏着孩童。

我忽然觉得倪伯伯太对得起他的名字——倪树根了。一棵浙江乃至中国儿童文学界的大树,不管枝多繁叶多茂,干多壮身多高,他的根始终扎在儿童的心灵上。因为,树根知道而且深爱那一块永远充满朝气、充满芬芳的沃土。

"童话"永生

一

整整一星期，我都无法安静地入睡。我把身子侧向牵挂的方向，在那个地方，二百多公里之外的病房里，黄教授正静静地躺在病床上，与死神做着一次次的抗争。我揪心，怕他成为死神的奴隶。

认识黄云生教授还是在1999年8月，那是在一次浙江省作协儿童文学创委会召开的年会上。

会议用餐比较早。一天晚上，晚饭以后，我去隔壁房间看望省作协儿童文学创委会主任倪树根先生。倪伯伯正在和一位头发稀白的老人喝茶聊天。见我进去，倪伯伯笑着对那老者说："说曹操曹操就到，这位就是金近故乡小学的何夏寿校长！"

原来他俩刚才正谈我的童话教学。

老者很热情地伸出手，我握着他的手，很自然地看着他。老者约莫六十来岁的样子，白多黑少的头发有点卷，方脸，肤色较黑，眼袋很大，像是两颗老橄榄，一看就知道是一个经常和休息过不去的"劳动模范"。

"何校长，您好。"老者一副彬彬有礼的样子。

这好应该先由我来问才是常理，我太受之有愧了。可是，我实在不知道该怎样称呼他。我用求救的目光看着正哈哈大笑的倪伯伯。

"我忘了介绍。何校长，他是浙江师范大学教授，也是中国作协会员黄云生老师！"倪伯伯终于意识到自己的"红娘"角色，赶快亡羊补牢。

啊，原来这位就是大名鼎鼎的黄云生教授。在此之前，我早听说浙师大有这样一位儿童文学理论家，专门研究儿童文学教育，出了好多研究成果，同时我还知道他是浙师大儿童文学研究所的所长；此外，我进修大专的时候，读过由黄云生老师所编写的《儿童文学概论》，有一次，我们还考到过这本书里的内容。今天，这位名教授从书上走到我的眼前，我好幸运啊。

倪伯伯一贯热情，没想到黄教授有过之而无不及，我又求学心切，于是，这一个晚上，围绕着我们学校如何开展童话教学，我们聊得连星星也不耐烦地睡觉去了。就这样，我的童话教育里又多了一座泰山般高大扎实的"靠山"。

二

有一次，我在电话中对黄教授说了学校想编一套童话集作为校本教材的设想。黄教授听了，十分支持，并自告奋勇地说，到时他会帮助我们组织选文。

2000年11月30日，我和李立军从上虞坐汽车到杭州，又从杭州坐火车前往金华的浙江师范大学。因为，黄教授已经在教学之余，为我们选评了一些优秀童话作品，12月1日，黄老师要在浙师大儿童文学研究所，约我们开个小型的教材编写座谈会。

由杭州开往金华的火车经过近四个小时的走走停停，停停走走，终于将我们带到了金华火车站，此时已近晚上八点。一出车站，我们才发现外面暴雨如注，后悔出门时没带雨具。

眼看这雨一时半刻停不了，想想好客的黄教授还在宾馆等着我俩，我们像接到任务的军人一样，冲进了雨幕，站在路口等出租车。可出租车在雨天红得就像高贵的公主，睁着大而刺眼的光亮，一辆接一辆地从我们身边扬长而过，还溅起一串长长的水葫芦，蛮横无理地喷射到我们的身上，气得我们发誓永远不坐出租车，看你明媚鲜艳到几时！

可牢骚归牢骚，我们心底里还是希望能有一辆车子发发善心。说实话，肚子早就在唱空城计了，加上冬雨阵阵，寒气逼人，我们已经走到饥寒交迫的境地了。

"嘎吱——"一辆出租车稳稳地停在了我们的身旁。此时，我才深切地体验到什么是救命稻草，什么是雪中送炭。我们抱着感恩戴德的心情上了车，刚才发过的誓言早就忘得一干二净了。

车子将我们带到了位于金华市郊的浙江师范大学。根据黄教授在电话中的吩咐，我们来到了位于浙师大正门南面的师大红楼招待所。我们俩刚下车，黄教授和他的一帮研究生，顾不上外面正下着大雨，一起从招待所里跑出来迎接我们。黄教授打趣地说："金近小学来的都是小鲤鱼。小鲤鱼是离不开水的，所以何校长他们一来，天公就用雨水厚待他们。"被黄教授这么一说，我们还要感谢天公作美了。

还没等我们说些什么，黄教授把手一挥，像是指挥一场战争一样："走，现在，我们进餐厅为两位校长接风去！"这时，我才知道黄教授和他的六个研究生为等我们还没有吃晚饭。黄教授把我们带进了餐厅，

| 爱 满 教 育 |

餐厅里开着空调,很温暖,餐桌上摆了满桌子的菜,冒着诱人的香味。我注意到,餐厅墙上的挂钟,已指向晚上九点三十分。

第二天一大早,黄教授带我们去了浙师大。这是我第一次走进这所神圣的学府。黄教授像位训练有素的导游似的,带着我们边走边讲,讲浙师大的昨天,如何艰苦办学;讲浙师大的今天,学校正在走向辉煌。黄教授讲得感情真挚,洋溢着自豪。我贪婪地听,贪婪地看。

终于,我们来到了黄教授一直对我们说的红楼了。我知道,红楼就是浙师大儿童文学研究所。这是一栋颇具传统风格的老楼,楼不高,只两层。整栋楼除了墙面是青灰色的,其余的门啊窗啊瓦片啊屋脊啊,一律都是红色的。一栋占地约四百平方米的红色小楼,静静地隐居在参天的树木丛中,很容易让人想到红楼的谦虚和优雅。

黄教授把我们带到了红楼二楼的会议室。黄教授的六位研究生早就等候在室内了。待我们坐定,黄教授说话了:"我们能帮金近故乡的小学编写童话校本教材,这是我们的光荣。大家要借这样一次良好的实习机会,用两个月左右的时间,在古今中外的童话故事中,挑选出最经典的童话名篇,然后,根据不同年级小学生的认知特点,从中精选出部分作为课文。到时,所有的篇目都要交给我看一下。现在,请大家先讨论一下挑选标准。"

于是,黄教授和研究生们,一一开始对话,探讨,商议。我第一次看到大学教授与他的研究生之间,围绕一个观点,作如此深刻而各异的交流。

很快,两个多小时过去了。在会议总结里,黄教授特别强调:"还有一点必须讲清楚,金近小学是一所农村小学,办学条件困难。何校长是我的忘年交,他正为小学生能获得基础的文学教育而四处奔波,我们要学习何校长的这种精神,具体体现在支持何校长的工作上,所以这次编书我们不能收何校长他们一分钱的补贴。这作为一种纪律,希望大家自觉遵守。"

多纯粹的好人!黄教授要我说两句。那一次,面对着黄教授和他的研究生们,我竟像木偶似的,说不出任何话来。

从浙师大出来,黄教授还将我们带到了他家里。在他宽大的放满书的书房里,他向我们进一步传授了以童话为载体开展素质教育的途径和方法。他讲得有理有据,一套一套的,将童话在教育中的功能作了十分详尽的解读。同时,为了帮助我们理解并付诸实践,他还将自己编写的《人之初文学》《黄云生儿童文学理论》等书籍送给了我们。

中午,黄教授还热情地招待我们在他家吃饭。黄教授喜酒,立军又能喝酒。我不会喝酒,但喜欢看人喝酒。黄师母给我泡上一杯香茶,黄教授戏说酒水不分家。于是,我们三个边喝边聊,聊教育,聊童话,聊金华古城,还聊他自己的身世。黄教授告诉我们,他的名字是母亲取的,他父亲在云南修筑滇缅公路时累死了,他是遗腹子,所以叫"云生"。

临行时,黄教授拉着我们的手,一再说:"你们学校开展素质教育的方向绝对富有远见,是条很好的路子。学校在具体操作中有问题,可以随时电话联系。如果有时间,我会到你们学校去亲身感受你们的童话的芳香的。"

黄教授果不食言。他负责选编的童话作品,比预计提前了二十多天寄到我校。特别令我们感动的是,他还亲自为我们写了一篇五千多字的文章，阐述了童话教育的理论依据和教育意义。次年春天，他真的专程来到我们学校，为全校教师（当时其实是全市的语文老师）做了生动的讲座，并帮我校提炼了"素质教育童话化"的办学口号。临走时，黄教授邀请我暑假再去他家，进一步探讨童话教育如何从理论上形成自己的体系。

三

  然而，智慧的黄教授，无论如何也没有想到，病魔早已妒忌于他，紧跟于他，只是黄教授忙得根本没有时间去注意。

  一放暑假，我就给黄教授去了电话，他不接，我以为他出差了，或者讲课去了。到了第二天，我再拨他的手机，还是没接。我觉得有点意外。自从我认识黄教授六七年来，他做事总是那样严谨，而且十分通达。他的手机上应该存有我的名字，平时我去电话他也有不方便及时接听的时候，但他忙完事后，每次总会及早回电，而且次次向我说明不接的原因，仿佛不说明，就得不到我这个"客户"的好评。

  我有点担心起来。第三天一大早，我又拨了黄教授的手机。

  这次，有人接了，但不是黄教授，而是一个很低沉的女声。她一开口就喊我何校长，并告诉我她是黄教授的女儿。我觉得不妙，问非所问："请问黄教授在吗？"

  电话那头的声音更轻了，但还是能够听得清楚："爸爸身体不好，住院了。"

  "住哪里？我去看他。"

我知道，一个人，即使是公认的好人，一旦他要去往另一个世界休息，我们谁也无法挽留。我们唯一能做到的，就是把他留在我们心里。

——《"童话"永生》

"谢谢何校长,过几天我爸爸好点后您再过来吧!"

听声音,黄教授的病可能不轻,但我不敢再问了。挂断电话后,我打电话给浙师大另一位教授——周晓波。她告诉我,黄老师得的是肝癌,已经昏迷过去多次,现在在重症病房。医院禁止任何人探视。

这简直就是一个晴天霹雳,把我炸晕了。

我一直知道黄教授有点小病,但没想到三个月前还在我们学校礼堂讲课的黄教授,现在居然危在旦夕了。这命运真是残忍透顶了。

我真的无法入睡。每天晚上一躺下,我就会想起和黄教授在一起的情景。黄教授帮了我很多忙,陪着我走了很多路,但此时他病魔缠身,而我却什么也无法帮他分担。

望着窗外满天的星星,我绝望地知道,此时,黄教授的生命已经如同风中摇曳的火花,随时都会熄灭。终于,一个星期之后,我收到了周晓波老师的电话,她告知我黄教授已经谢世。

我知道,一个人,即使是公认的好人,一旦他要去往另一个世界休息,我们谁也无法挽留。我们唯一能做到的,就是把他留在我们心里。

我和立军来到了黄教授老家——浙江省浦江县。在一片绿树掩映中,我们找到了刻有黄教授名字的墓地。我们叩拜了黄教授,为他送上了他为我们选编的《童话》教材,送上了他喜欢喝的绍兴黄酒。

这时候,树上的知了脆脆地叫着,像是报告黄教授有人来找了。哦,知了叫夏天。我忽然想到,黄教授不是约我暑假再见吗?我们还真是再见了,只是见得非同寻常,见得让我流泪。

黄教授,愿您在天堂,有书可读,有酒可喝……

我的老师周一贯

在小学语文界,周一贯无疑是"入眼率""入耳率"极高的名家。有人爱称他是语文教育的"熊猫":著书一百多部,撰文一千余篇,讲座一千余场,其影响之大、受惠者之广,小学语文界少有。

一

我认识周老师是在 1999 年,现在算来,整整二十二年了。

那一天,我去家乡县城实验小学参加语文名师研修社成立活动。

乡下人进城,总是喜欢赶早。我赶到学校时,实验小学校门还紧闭着。校门对面柳树下的几条石凳上,坐满了一些须发皆白的老年人。我知道,那是"向天再借五百年"的晨练一族,现在正是他们美好的"练后反思"时段。

"放这儿好了。"一个亲切的男高音跳进了我的耳朵。循着声音,我看到三四米外,坐着一位穿着藏青色背带长裤的白发老头,他正努力为我腾出一块弥足珍贵的"宽带"。

这简直就是块风水宝地,我毫不客气地让书稿"坐"了上去。

我一直以为,我们做老师的,最大的特长就是"人尽所用"。看看面前这个老头没有离开的意思,我脱口道:"老师傅,您替我看一下书稿，我到对面去买个包子，行吗？"

"没事，你去吧！"这时，我才注意到，此老头六十岁上下，长得鹤发童颜，像极了家里张贴的寿星图。白发到底不是虚长的，老头很解人意地补充说，"你在那里吃完过来好了，我不走！"

这人真好，我心里想。

我吃完早餐，初夏的阳光已经穿过柳叶，将一堆斑斑驳驳的光亮撒落在石凳上，晨练的那道"白色风景"消解了，只有那老头还在践行着自己的承诺。我感到很过意不去，连连道谢。他淡淡地说："没什么！"

没一会儿，我们分散在进入校园的人流中。

语文名师研修社成立活动在学校小会议室举行。我们几个所谓的名师刚坐下，市教研室阮老师风尘仆仆地走了进来。她背后，是一团移动的白色，很抓人眼球。咦，这不是替我看管书稿的老头吗？我心里一咯噔：该不是老头遗忘了什么，找我来了吧？

正想着，阮老师满脸灿烂地把老头引到会议桌正前方，用激动得有点发颤的声音说："各位兄弟姐妹，我们研修社十分荣幸，请到了我国著名教育专家、特级教师周一贯先生担任我们研修社导师……"

啊，周一贯，这就是周一贯！

擅长言说的阮老师滔滔不绝地介绍着周一贯先生的学术水平之高、提携后辈之勤、对中国语文教育影响之大，但说实话，我没怎么听进去，因为我在绞尽脑汁编织着向他表示歉意的言辞。

研修社是小社，才九个人。阮老师开始一一介绍我们社员了。当他把我介绍给周一贯老师时，周老师不无风趣地说："这位我认识。刚才我'顾问'了他的书稿。"

阮老师和社员们听得一头雾水。我将事情的经过简单地向大家描述了一番，听得大家直叫："你真行，让专家给你打工！"

事已至此，我也打趣地回答："谁让你们不搞童话。在童话王国里，国王和小矮人是平等的。"

周老师对我的作答饶有兴趣："哎，你怎么说了那么多童话？"

一旁的阮老师赶快对周老师说："他来自以著名儿童文学作家金近先生的名字命名的金近小学，是我市语文名师，还担任了学校校长。他提出了'童话育人'的教育理念，最近正在编一套校本童话教材。草稿他带来了，也想请您指导指导。"

我趁机送上周老师替我保管过的书稿——那一袋子装在塑料袋里的校本童话教材书稿。

白纸黑字造就的世界，往往容易博得别人的眼球，甚至是信任，对于一个热衷于耕耘其中的文人来说尤其如此。

二十多年了，我清楚地记得，周老师在打开那袋书稿后，一边翻阅，一边频频点头，赏识之情写在脸上。

看了大约五六分钟，他用夹着浓重的绍兴方言味儿的普通话，不无鼓励地说："这位老师用语文教师的专业眼光，挖掘地方名人资源，用童话开展语文教育，编写童话校本教材，绝对符合儿童语文教育方向，此研究大有前景！"

我深知，周老先生的评价，是巨人对小矮人的"宽慰"，甚至是"哄骗"。但即使如此，我也心满意足了。

从这以后，我成了周老师名正言顺的学生。当然，他也成了我名副其实的导师。我们时常围绕语文教学、小学教育交流体会，探讨观点。

二

有一次，周老师把绍兴市下面两百多名语文名师拉到我们学校，要我上一节童话写作指导课。那次上课的内容是根据成语"龟兔赛跑"新编一个童话。为请老师把关，上课前三天，我把写好的教案交给了周老师。

看了我的教案后，周老师对其中的一个环节——乌龟克隆出一批乌龟和兔子比赛，提出了自己的看法。他认为，这一设计，过分突出了玩乐，仿佛一出闹剧，只是热闹好玩而没有意义，甚至容易造成负面影响。而我一再坚持自己的观点，说："小孩子不会想那么多，只是玩玩而已。即使对他们有影响，也未尝不可——社会本来就不是一片光明的，为什么不可以让学生提前'入世'？"周老师很严肃地说："何夏寿，学校教育一定要坚持方向性。在这一点上，我们与作家不同，因为作家的作品不一定是教材，当然可以追求个人审美趣味；但我们是搞教育的。"

见老师说得一本正经，而且也在理，我连忙说："课堂上我会注意的。"

我这个人，很容易受环境的支配。一上课，当孩子们说到"乌龟可以克隆出一批乌龟和兔子比赛"时，我不但没有制止，而且和孩子大玩"群龟戏傻兔"的游戏，课堂气氛十分活跃。孩子们的表达欲被彻底激活，大部分学生当堂完成了《〈龟兔赛跑〉新编》。从孩子上交的习作来看，除了兔子看山羊吃草、追逐小溪流水忘了比赛之外，部分故事还呈现出一些消极内容。这可是毫无"意义"的故事啊，挨批是注定了的。

果然，名师班同学们的评课，直批我的"作文价值"有违教育、社会之主流，只重"有意思"，轻视"有意义"，而且还放大了人心之恶、世道之险和社会之黑。

在主持人的邀请声中，我晕乎乎地看到周老师走上了舞台，坐到了主席台。我像犯了弥天大罪似的，耷拉着脑袋，准备接受他的"宣判"。周老师清了清嗓子，用他高八度的绍兴普通话，发表了评论《童话写作的童心主义原则》。一个小时的评课，周老师不看任何稿件，不放任何课件，从传统作文讲到文学创作，从传统童话讲到现代童话，观点鲜明，旁征博引，他没有把我的课批倒批臭，而是从多元化的角度给予了鼓励："上课之前，我和何夏寿就故事的'有意思'和'有意义'有过交流。说实话，我们做老师指导学生作文往往会突出'有意义'，包括我自己。但很多时候，学生的思维会被这个'有意义'限制了，童话作文容易变成寓言作文。今天何夏寿的课堂，恰恰在这方面给了我们启示。在他的童话指导过程中，突出了个体的审美体验，注重了儿童对故事的需求，彰显了儿童意识。对于听惯了传统作文课的我们来说，这是一堂难得听到的文学创作指导课，是作文教学多元化的具体体现。我提议，我们为何夏寿的探索鼓掌！"

会场的掌声，驱散了乌云，送来了阵阵暖风。

这次活动之后，我与周老师走得更近了。他的家，也成了我生活与工作的充电站。

三

有一次，在他的书房里，我谈起了省作协要我组建个"江浙沪儿童文学教育联盟"，为作家进校园、进课堂铺条路子的事。周老师一听，大为认同。说实话，我因怕事多生烦，对此"分外之事"并不热心。一段时间以后，我就把这事给忘了。

一天，周老师托人给我送来了一本书。那是一本很有纪念意义的书——《周一贯：语文教育60年》。因为是语文专家的纪念文集，出版社做得也十分精致。我小心翼翼地翻到扉页。啊，居然是2004年周老师给我的题词：智者践行，静水深流。

我紧张、兴奋、欣喜、惶恐，各种情感交织在一起，解读了半天，也读不懂周老师让我如此"位高权重"的真实意图。直到今天，我也无端地认为，在周老师眼里，我是一只看着山羊吃草会忘了比赛的兔子，是一只追逐蜻蜓蝴蝶不好好钓鱼的小猫，需要时时"旁敲侧击"。无论如何，周老师对我之期待和关爱，大可以词为凭、以书为证了。

我终于建立了"江浙沪儿童文学教育联盟"，将儿童文学引进了小学教育。周老师很高兴，两次参加了我们的活动，听课、做讲座，忙得不亦乐乎。每次活动结束后，周老师总会鼓动我："其实，你应该为联盟学校上一堂课！这才能显示出你的'领袖'风范。"我总是笑笑说："下次吧！"

被周老师催得不好意思了，2013年暑假，我对周老师说："下学期联盟活动，我上一堂童谣教学课，请您现场点评，如何？"

"这就对了。哪有当领导的不带头示范的。"周老师笑着，对一旁给我们倒茶水的周夫人说,"到时,让黄老师给你拍照,做电子相册!"

说到给我做课堂电子相册,黄老师很开心,十分幽默地说:"到时,让何夏寿潇洒得飞起来!"

可惜,天不假寿。当年九月,黄老师赴青海旅游时,不幸遭遇车祸,独自驾鹤西去了。站在黄老师的遗体前,我半天没回过神来:为黄老师的匆匆离去而感伤,更为周老师日后的起居和写作等而担心。

死是影响着生的,不管是唯心的还是唯物的。有的人因为"人固有一死",于是,他们向死而生,更加珍惜当下的"生",认真地体验"生",用各种方式延续"生";而有的人因为终将一死,于是,向生而死,消解一切生的意义,把生的核心定格在吃喝玩乐、纵情享受上。

周老师属于前者。送别黄老师七天之后,我收到了他的亲笔来信,是用小楷写的,内容很短,但极为感人:"感谢您对夫人不幸的关心。今后在语文教学上,如有需要,愿尽余生相助。"

这就是周一贯——语文的钟灵,教育的天使。即使遭遇了天大的灾难,他依然对教育、对语文抱着一腔忠诚。我知道,周老师喜欢陶潜,他的书房就以陶潜的"审容膝之易安"中的"容膝"命名。作为"陶粉",周老师一定悟透了陶潜的"死去何所道,托体同山阿"的真谛。

四

果真,半个月后,我去看他,闲聊中,周老师很坦然地对我笑谈了他的生死观,其中就讲到了陶诗中的此句之意。我正要安慰几句,周老师问:"你那个童谣活动什么时候搞?"

我望着周老师白得发干的头发、满脸的倦容,还有客厅墙上黄老师的遗像,很困难地说:"活动是下个月在浙江省浦江县搞,不过,您就——就——"

"怎么吞吞吐吐的,下个月几号?"周老师看出了我的心思,声音远得像从天外飞过来,"上个星期,我去过杭州,参加了语文馆的开馆典礼。"

"上个星期?开馆典礼?"我惊讶地问。

上个星期不是黄老师的"头七"吗?按照我们绍兴的习俗,亲人去世一个月内,至亲是不能参加任何喜庆活动的,否则,会被旁人责怪无情无义、不忠不诚。周老师和黄老师伉俪情深、相濡以沫几十年,黄老师"头七"未满,周老师竟会去杭州参加开馆典礼?

"我请过假的。"周老师凝望着黄老师的遗像。

我看到周老师眼里起了薄雾。

周老师起身给我添了杯水,平淡而不无坚定地说:"生死由不得自己,但我可以为我的'留下'做主。"

就这样,周老师参加了在浙江省浦江县举行的全国首届童话教学研讨会。当满头白发的周老师,用他那依然洪亮的绍兴普通话,对着全场六百多名老师点评我的童谣课时,谁也不会想到:讲台上谈笑风生的他,刚刚送走了至爱的夫人,刚刚抹干了伤心的泪水。

这就是周老师,一位从事农村小学语文教育实践研究七十年,著书一百八十余本,撰文一千八百余篇的教育专家,一个时时督促自己"休将白发唱黄鸡"的"留下"者。

我知道,周老师的"留下",其内核是"善"。善待孩子,善待故土,善待万物……

白发为证,周老师用岁月当纸,生命作笔,书写"留下",呼唤人们回家、爱家、恋家。

第六章　同行

我的"外接主板"

我们常常感叹世风日下，人心不古，人际关系没有先前那样淳朴、坦诚。其实，任何时候都有善良和美好，只要我们用心去感受，就会发觉，我们脚下这片厚厚的黄土地上，身边来来去去的人们，每时每刻都在以他们的真诚和善良温暖着我们，呵护着我们。

一

李立军，一个带着"军"气的名字，代表了二十世纪七八十年代中国父母寄予男孩的崇高愿景，其流行之广、普及之全，虽不能说立地成"军"，但方圆十里，站在任何一个角落呼喊一声"立军"，应答之响恐非普通广场音响所能及。

我认识立军，是在1996年8月21日。

那天早上六点多，初任校长的我，怀着急于燃烧的三把火，骑车来到了距家近十里的学校。那天，可是一个不寻常的日子。全校老师要报到，我这个"新官"自然要做一番"就职演说"，这是其一。其二，学校要送走三位退休老师，还有两位新老师要来报到，我得向他们了解些基本情况。其三，学校有新建的教学楼要验收，前两天粗粗地走了一遍，发现二层好几处的瓷砖贴得不是太好，已通知施工方派泥水匠再做修理。

我心里想着事,脚飞快地踩着自行车,刚拐进校门,就"砰"的一声,撞上了一辆自行车。还好,那辆车上没人。我刚要把车扶起来,跑来一位三十来岁的青年:黝黑的肤色,穿着土灰色的T恤衫,国字脸,长得浓眉大眼。他头上戴着一顶白色遮阳帽,与他的整体"界面"很不协调。

"我来,我来。"他抢在我前面扶起了车子,难为情地一笑,"不好意思。"

道歉的应该是我。我被他的"不好意思"说得不好意思了:"车子坏了吗?"

"没事的。"他笑着用手擦去车把上的泥。这时,我才注意到这辆自行车还是辆崭新的赛车。

"你是到学校来的?"我问。

"是的。"他答。

原来他是来补贴瓷砖的泥水匠。夏天天热,趁早风凉点,早点做完早点收工,真会安排。我指着东北角新建的楼说:"你到那边二层去看看。"

他犹豫了一下,仿佛鼓了鼓勇气,问:"您是——"

"哦,我是这里的新任校长。"我望了望他的车子,"你先忙去吧,车子要是坏了,你可以来我办公室找我。"

"嘿嘿。"他尴尬地笑了两声,很难为情地摇摇头。

我开始忙我的事去了,一直忙到办公室连老师通知我去会议室召开全体教师大会。我夹起本子就往会场赶。虽然我是本乡本土人,这里的老师绝大部分都熟悉，但以前我是普通老师，今天换了一种身份和大家见面，心里不免有些紧张。我走进了会场，坐到主席台前，用目光和大家对接，既表示我的礼貌，同时也借机慢慢地放松自己。

当我的目光扫视到会议室的左角落，我定住了。早晨的那位泥水匠怎么也坐在这里？我马上意识到，我真撞坏了人家的车子。可这位师傅也实在好笑，不来办公室找我，却到会场"恭候"——难道这样方便和我谈条件吗？

还好，等到我整个发言完成，那师傅也没有半点"骚扰"我的意思，而且还和着老师们的掌声，为我的"演说"拍手。真是个高素质的劳动者！

正想着，老校长兼会议主持人公布了今年新分配教师的名单："今年我们学校新分到两位老师，下面我们欢迎他们作自我介绍。"

两位新老师在全校老师热情的掌声中站了起来。个子矮点儿的叫李洪表，那高点儿的"泥水匠"竟是新分配来的李立军老师。听他介绍，他出生于1977年，才十八岁。我暗自嘲笑自己的眼力太"低档"了。

全体教师大会很快散了，我把李立军带到了办公室，请他坐在我的办公桌对面。这时，我才注意到他只是皮肤生得黝黑点，面部还是很稚嫩的，夹杂着中学生特有的那种青春朝气。

我给他倒了杯水，首先感谢他宽以待"我"，同时也问了他一些家庭基本情况。当问到喜欢或者擅长教哪门学科时，他仿佛早就备好了课似的，只两个字："数学。"一点儿也不拖泥带水，让人以为此人不善言辞，但绝对理性，是教数学的理想之材。

"哦，数学。"我瞟了眼放在办公桌上的教师任课一览表，"我们学校缺的是语文老师。"

"嘿嘿。"李立军不好意思地笑笑,那笑声让人立马联想到他在向我道歉——为不能满足学校之"急用"。

其实和我撞了他的车一样,他是完全用不着"不好意思"的,每个老师都可以拥有自己的学科爱好。我立即解释道:"其实数学老师我们也需要,只是语文老师更急需而已。"

他想说话,老校长来找我议事,我只好抱歉地请他回避。他识趣地起身,我对他说:"你的名字真好记,我教过的学生里面,有将近一个班的都叫'立军'。"

"嘿嘿。"李立军还是这样笑,连变个调、添个字都没有。

二

人是感性的动物。由于"撞车"留下好感,我对李立军特别留意,加上他是学校好不容易分到的师范毕业生,即使从培养的角度,我也要不断委以重任,除了叫他任一个班级的数学老师,做四年级的班主任,让他做大队辅导员,还要他负责每周两次的学校红领巾广播。

有心栽的花还真不容易开。几次课听下来,几场活动搞下来,我发现他的长进速度并没有达到我的期待。有一次组织全校性的少先队活动,作为大队辅导员,他居然在全校师生面前,连一首队歌都弹不流畅,急得我亲自上阵操刀。不过他的心态之好确实令我佩服。面对现场"弹劾",他既没有气馁,也没有表示抗议,而是帮助我按住摇摆的风琴,让我稳稳地将歌弹完。面对如此宽厚的胸襟,我反而觉得自己的行为是多么偏激、心胸是多么狭隘，甚至有失身份。活动结束后，我主动向他"检讨"，他听了，还是习惯性地"嘿嘿"了两声，一脸真诚地说："哪里，是我弹得不好，以后我要好好学弹琴。"

他要好好学，我要好好反思。我觉得对于一个刚毕业的青年教师，我对他全面开花式的工作分派，近似于根本没有培养目标；而立竿见影的速成心理，无异于拔苗助长。一个学期以后，我减去了他身上的不少负担，让他一门心思地将重点放在数学教学上。由于集中了精力，他的数学教学日见上进，市里还把他选为名师培养对象。我为他高兴，在肯定他的同时，我常常感叹语文教师奇缺，尤其是童话教学的开展，更需要语文老师的积极响应。

失败是成功之母，骄傲确实使人落后。也许是因为我在教师大会上多表扬了李立军几次，他慢慢地滋生了自满心理。有一次，教导主任在检查老师们的备课本时，竟发现他没有根据要求超前一周备课。才教了一年书就这样，长此以往发展下去会如何？我在大会上宣布，李立军本月教学常规这一项扣五分。

虽说扣分了，但我觉得事情实在有点蹊跷。那时，李立军晚上住在学校，我因为工作效率不高也常常住在学校。凭我的感觉，他是个老实人，没有什么社会交际，每次我路过他的办公室，总看到他一个人埋头写写画画。这样一个人，备课居然没按要求备，那么他在干些什么呢？我打算找个机会问问他。有一天晚上，我忙完了自己手头的活，去他办公室。他大概是去洗手间了，灯亮着，门开着，但人不在。我走到他的办公桌前，看到台板上摊着一本五年级的语文课本，课本下压着一本语文备课本，上面写的字分明就是他的笔迹。我觉得十分奇怪，他是教数

这些年来，我和立军朝夕相处、同"校"共济，执教在金近小学的时间长达两个八年……将金近小学从一所名不见经传的普通村小办成了全国知名的特色学校。我自己也从一名普通的农村小学老师成长为浙江省特级教师。每当别人把祝贺的鲜花送给我的时候，我总在心里把比花更美、比歌更甜的谢意默默地献给立军。

——《我的"外接主板"》

学的，怎么在备语文课？正想着，李立军进来了，见我在看他的备课本，又是"嘿嘿"了两声，不好意思地低下了头。

我问他："你这是怎么回事？"

"何老师，我在想学校缺语文老师，下学期我改教语文吧！"停了停，他红了脸说，"上次数学备课没超前，后来我都补上了。"他从抽屉里取出了他的数学备课本，递向我。

我感动至极，为他受了委屈后不声张的豁达大度，更为他舍弃小我顾全大局的奉献精神。面对这样的教师，我只凭一鳞半爪、浮光掠影的迹象，就武断"格杀"，我为自己汗颜。

"可是，这样一来，数学你就白教了。"我知道自己说得违心，一点也不真诚，其实，我早有争取他改教语文之心，只是难以启齿。

然而，他的回答更令我感觉自己虚伪："那也不是，我教过数学，再教语文，经历丰富些，还要感谢学校培养呢。"

"立军！"我激动得一把握住了他的手。那种感觉，犹如黑夜里望见明灯，再走近，发现点灯人竟然是苦苦寻找多年的挚友。

三

立军改教语文之后，无疑为我的童话教学增添了许多亮色。尽管他的专长是数学，但毕竟年轻，教了语文之后，尤其对童话写作产生了浓厚的兴趣，几次练笔之后，居然在省级刊物上发表了三五篇童话作品，令我欣喜不已。于是，我们俩商量着组建了一个文学社，利用每周六下午的时间，为文学社的四十八个孩子辅导童话写作。我以面向学生讲课为主，他则以修改学生的作品为重点。我们俩辅导的学生陆陆续续在省内外报纸杂志上发表了好几十篇童话习作，乐得我们好像打了鸡血，天天想着如何进一步搞好这个文学社。

1998年冬天，为了说动浙江省作协儿童文学创委会主任倪树根先生支持我们开展童话写作，我们俩决定去杭州拜访老人家。

约定的日子到了，那天，北风凛冽，雪雨交加，天老爷好像有意考验我们的"取经之心"是否真诚。

我们俩坐了两个多小时的车，来到杭州汽车东站，又坐了一个多小时的公交车，找到了电话中约定的位于孤山脚下的桃园新村。此时，我已累得四肢无力了。望着新村里一幢幢多胞胎般的高楼，我突然意识到自己犯了一个十分严重的错误——只记了倪主任家的房号是502，却忘记了问住哪一幢。那时候我们都还没有手机，小区里也找不到电话。我们俩打着伞，站在刺骨的寒风里，急得大眼瞪小眼。

我望着对面的立军，他左肩背着自己的包，右肩背着我的包，脖子上挂着学校的资料袋，这分明就是一个卖包的小贩。难怪小区保安看着我们，几次从我们身边走过。

我笑着对他说："卖包的，保安盯上我们了，我们就近碰运气去吧！"

于是，我们装作熟门熟路的样子，说笑着走进了离我们最近的楼。好不容易走到了五层，可开门的是个小伙儿。幸亏小伙儿人好，不但没有以"私闯民宅"为由报警，还告诉我们对面那幢楼住的好像就是老作家倪树根先生。

心悸的人害怕声响，口吃的人害怕说话。对于有腿疾的人来说，最害怕的就是上下楼梯。一想到现在要下五楼，过会儿又要爬五楼，我笑着说："这十层楼梯下来，我今天真要'为校捐躯'了。"

"还不到时候呢！"立军显然已经视我为友了，一面和我开着玩笑，一面将胸前的几个包往两侧一拨，还没等我反应过来，就把我架到了身上，"我可是挺立的军人！"

是的，有一次聊天，我就他的名字，问他："父母对你寄予了什么愿望？"他说他是8月1日出生的，中国人民解放军建军的日子。我说，这么说来，你本来是想做挺立的军人的！

就这样，立军像忠诚的军人救护伤员一般，把我从这幢楼的五楼背下来，又把我背上了对面那幢楼的五楼。中途我几次执意下来，他说"直达电梯，中途不停"，惹得我笑出泪来。

终于走进了倪主任的家，当我把找他的故事告诉他后，他大为感动，为我，更为立军。他表示，他一定会尽最大的努力帮助我们学校开展童话写作。临别前，我们向老作家道谢，老人家不无风趣地说："应该谢你们，让我知道伯牙、子期还健在。"

好一个伯牙子期的比喻，被倪主任"启发"后，我们之间的关系还真朝"千古知音"的方向发展了。

这些年来，我和立军朝夕相处、同"校"共济，执教在金近小学的时间长达两个八年；走过的求师访友、共商"校是"之路，不知多少里；我们取长补短、同心同德，打下了"特色确定""学校更名""品牌创立"三大办学战役，将金近小学从一所名不见经传的普通村小办成了全国知名的特色学校。我自己也从一名普通的农村小学老师成长为浙江省特级教师。每当别人把祝贺的鲜花送给我的时候，我总在心里把比花更美、比歌更甜的谢意默默地献给立军。

四

我绝对不是虚伪，立军更是受之无愧。2008年的夏天，教育部有位领导，邀请我为安徽宿州教育局和灵璧教育局做两场特色办学讲座。答应之后，我开始后悔。虽说是假期，但那几日立军正在闹严重腹泻，已经打了三天点滴。我如果告诉他我去安徽，他肯定会"舍身"作陪。权衡再三，为了他的身体，我还是将消息隐瞒了。

第二天，我一个人拖着旅行包来到了上虞汽车站。这可是十多年来，我第一次在无人陪同的情况下，只身赴外省讲课，心中除了紧张，还有一种空荡感。

火车站人真多，售票口更是拥挤不堪，等候买票的队伍就像一条长龙，仿佛全世界的人今天都挤到了这里来。好不容易买好了车票，可我吃惊地发现，距离开车时间已不到10分钟。从售票处到进站口还有相当一段路，我第一次体会到热锅上的蚂蚁的感觉。真是屋漏偏遭连夜雨，偏偏这时，行李箱的一只轮子坏了。箱子好沉哪，我后悔带了手提电脑，更后悔带上了自己的几本准备送人的书。太阳本来就烈，加上心急，我觉得自己快要闷死了。面对着一个个从我身边掠过的行人，我多么希望他们能将他们的善良洒给我一点点。

"何老师——"随着声音，一双有力的手夺去了我的行李箱——是立军，我如释重负，一阵轻松。

"几点的车？"他问。

"离开车不到三分钟了。"

立军不再说话了，他熟练地用左臂夹住我右膀，右手拎着箱子，像训练有素的军人架着伤员，大步走向进站口。而我，像一辆破旧的车子，只会机械地滚。上天还算开眼，由于车子晚点，我们竟然坐上了本完全坐不上的车。在车内，立军补了票，告诉我，刚才他打了我家电话，知道我要去讲课，不放心，才赶过来的。

他说得轻描淡写，好像在转述别人的事。我的感激之心，阵阵涌动，翻江倒海。我望着他的病容，动情地说："以前我只觉得残疾人是苦的，其实，做残疾人的朋友也苦。"

他又是腼腆地"嘿嘿"一笑，说："哪里，常做你的'智能拐杖'，还能提升我的身体素质。"

"这么说来，你生病是因为'拐杖'做得不够。"

"是啊，所以我见机行动了。"

我望着大汗淋漓的立军，感动得双眼发热。我忽然感到，他黝黑的肤色，多像黑土地那样深沉、宽厚、静默和朴实。

五

2014年上半年，中国儿童文学研究中心邀请我在全国首届童话教学活动中上一堂童话教学课。接到通知后，我开始认真准备。几次试教下来，老师们一致认为，很好了，完全是个成熟的课例了。我听了心里自然得意。

轮到立军发言，一向不善言辞的他，却唠唠叨叨地发表了长篇大论，却条条都是意见，说我的课展示自我比较多，没有贴近学生的实际；讲故事环节显得太拖沓，不够紧凑；特别是三个故事的教学次序安排不当，没有尊重学生的学习规律。说实话，我因残疾而要强，因要强而过于自尊，甚至有点自负。虽然知道立军说得在理，但毕竟当着整个学校语文老师的面，我很不高兴地说："那你来设计？"

话一出口，我觉得说得过头了。好像主办方邀请的是他而不是我，去展示风采的不是我而是他。

立军还是用他一以贯之的"嘿嘿"两笑，摇摇头，豁达地说："设计我不会。只会乱说，乱说。"

我深知，和不擅穿着打扮一样，立军也没有伶牙俐齿，敏于行而讷于言。因其沉默寡言，以至于不了解他的人，会怀疑其是否患过"失语症"。我也常常取笑他"惜言如金"，归保密局管理。但既然他说了这么多，肯定经过了深思熟虑。我当众抢白，无非是显示了我的"权威"，还有自负。事后一想，我从心底里认同立军的观点，甚至佩服他的见解"与众不同"，真有点"语不惊人死不休"的气息。

这就是知音。当众人都说你好时，他会毫不知趣、直肚直肠地说你大有问题，让你不能沾沾自喜，更不能得意忘形；而当别人都说你不好，甚至在你十分失意、孤独和落魄时，他会毫无顾忌、责无旁贷地挺身而出，除了让你绝不无奈地感叹"孤帆远影碧空尽"，更让你感受到"海内存知己，天涯若比邻"的温情。

我当然采纳了立军的建议，不，应该是接受了他的批评。那堂课上得特别成功，甚至成为我课堂教学中的"精品"。

立军常常戏说自己是我的"电梯""拐杖"，但我觉得他更像我的"外接主板"：智慧博大，宽厚仁爱，性情相通，忠诚可信。

"俗人"不俗

一

那一年，教育局出台了一项教师招考新规，即在既定的招师人数范围内，由学校自主从前来应聘的师范毕业生中选择新教师。当然，权利是对等的，人家准教师也有对学校挑肥拣瘦的自由。

那一天，2002年8月21日，我和学校其他几位领导带着事先制作好的学校简介来到了招师现场。全市百来所学校高高低低摆开的招师摊位，花花绿绿的学校宣传画片，此起彼伏的广告录音，来来往往的红男绿女，让招师现场像极了街头买卖正旺的地摊。

教育局给了我们学校六个招师名额。"生意"实在太好做了，不到半小时，我们学校就招到了五个新老师，有教语文的，有教数学的，也有教英语的，但就是没有我们所希望的音乐教师前来惠顾。

地摊生意就是方便迅捷。不到上午十点，体育馆就褪去了之前的热闹和兴奋，已经从"门庭若市"变成"门可罗雀"了。除了各学校的摊位按上级规定必须设到上午十一时，前来应聘的新教师极大部分已"名花有主"，功成身退了。

我和同去的两位学校领导也绝望了，甚至后悔：早知招收音乐教师如此不易，与其空了名额，刚才还不如多招一个语文老师什么的。

"领导好,你们还需要老师吗?"

一个很有磁性的男声,让我想起电视里的男播音员。

说话的是位很清瘦的小伙子,高个儿,瓜子脸,留着齐耳的长发,戴着一副看上去很精致的眼镜。粗一看,有点湖南卫视一位主持人的味道。

"是的。我们需要音乐教师!"我望着眼前这位有点文艺的小伙儿,像面对一根救命稻草似的,问道,"你喜欢音乐吗?"

"喜欢的。"小伙子答得很简洁,问得更直白,"你们要吗?"

这简直就是如鱼得水的美事了,这样的老师能进我们学校教音乐,那简直就是拖拉机里装空调——高配了。为了不至于在新教师面前放低身段,暴露真相,我故作严肃地说:"请你先回避一下,我们几位商量商量。"

"高配"识趣地笑笑,走开了。不过,他并没有走远,只是退到听不到我们交谈的地方。

就这样,"高配"真成了我们学校的专职音乐教师。他叫邵瑞,和英文"sorry"有点同音。

"你这名字,是服务型、奉献型,而且还有点像委屈型的。"签完合同后,我打趣地说。

"校长,您解释解释。"显然,他很会和人交流。

"你想,别人老是喊你'对不起',不就是向你致歉?致歉不就意味着你付出了、奉献了,人家不仅体会不了、感受不到,甚至还误会了你、伤害了你,所以才说'对不起'的吗?"我开玩笑道。

"哦,是这样,那老天菩萨长眼睛的!"他笑着脱口而出。

"老天菩萨长眼睛的"是我们家乡的方言,意为事实真相终于大白了。这样的俗语,虽然意思直白,形象生动,但毕竟过于粗俗,不够雅观,一般读书人都不屑用,久而久之,也就淡忘了,更别说使用了。只有一些上了年纪的农人,才不避俚俗。而这么年轻的一个小伙儿,居然用得这么贴切,我不禁多看了他几眼。

邵瑞就这样走进了我们学校。我为孩子高兴,也替音乐室里那架"珠江牌"钢琴庆幸。由于学校一直没有像样的音乐教师,那架上级拨下来的"名琴",三年来,一直寂寞无主,孑然一身。

这一天,是新学期开学前的休息日。上午,我在学校整理文件,三楼音乐教室传来悦耳的钢琴声。循声上楼,果不其然,邵瑞端坐在琴凳上,专心致志地按着琴键。

他弹奏的是一年级的《上学歌》。说实话,邵瑞弹奏得并不娴熟,甚至不够流畅。不过,他弹得很投入,以至于我站在他身边许久他都没有发现,直到我不自觉地唱起了"太阳当空照,花儿对我笑……"他才回过神来,讪笑道:"校长,我弹得不好……"

"还可以。"我安慰着,"这琴也刚认识你嘛!"

"这倒也是,以前上师范时,我们学的都是风琴。弹钢琴,对我来说,也是吃陌生饲料。"他笑着站了起来,把琴凳让给我坐。

吃陌生饲料?我心里咯噔了一下,这小伙儿说的话很老成,和他的年龄,特别是他时尚的穿着很有反差。

"校长,听人说您精通音乐?"邵瑞很会控制气场,打破了沉默。

"喜欢而已。"我忽然一想,我何不利用此时此地,听听他的演唱,也算是了解了解他的总体音乐素养,"我们选一首歌,一起唱,怎样?"

邵瑞迟疑了一下，说："就唱流行歌曲《一剪梅》吧！"

我自告奋勇地说："我来弹琴好了。"

于是我按起了琴键，我们一起唱了起来："真情像梅花开过——"邵瑞的声音圆润、浑厚、饱满，十分悦耳，我有意轻轻隐去自己的演唱，他似乎没有感觉到，依然放着声唱。当唱到"一剪寒梅傲立风中"这句高音时，他的声音接续出现破音，后来笑笑停唱了。

我问怎么回事。他说："我的高音发不上去。"我问："一直如此吗？"他说："嗯。"高音发不上去，那怎么可以唱好歌呢？联想到他刚才弹的琴，我开始觉得邵瑞并不是理想的音乐老师。不过，我还一厢情愿地认为，他初次在我面前唱歌，发不出高音或许也有紧张的原因。

可后来的事实，让我终于相信，邵瑞的歌唱水平实在属于一般。

那时候，KTV是我们学校老师每周聚会的首选，无论是获奖请客、生日庆祝，凡是聚会，都会去KTV引吭高歌。邵瑞活泼开朗，长得帅气，能说会道，很有人缘，深受女同胞的青睐。加上他是教音乐的，大凡放歌，几乎场场必唱。但说实话，每次，他都没有一首完整的歌唱出来，究其原因——一到高音处，他就停唱，让伴奏踽踽独行，任其高山流水，就是不配知音。

一个学期下来，我们很熟了，说话也随便了。有一次，我半开玩笑道："其实你并不适合教音乐。"

他竟说："是啊，可你们当初只招音乐老师了。"

"那你干吗不直说？"

"校长先生，那天我再不投你们所好，我就没机会了。"他哈哈一笑，"不是说吗？水蛇要性命，田鸡要肚饱，先找了工作再说。不懂不会,边教边学,不是说教学相长吗?哈哈——"

"水蛇要性命,田鸡要肚饱",又是熟悉的谚俗,我甚至认为,凭着他这么鲜明形象、妥帖自然的语言表达,我这个校长并没有做到人尽其用,因材"使"教。不让他去教语文,倒是我的十八个不是。但再一想,我倒来气了。这小子,这么投机取巧,要是你不来应聘音乐老师,说不定我们还有希望和期待。可现在倒好,舞台被你占了,可演出就是不会。

当我把自己的想法对学校其他领导说了以后,副校长李立军告诉了我一件令我十分意外的事。他说,有一次,他碰到师范里一位音乐老师,说邵瑞每个星期天都到他那儿学唱歌。音乐老师说邵瑞音域不宽,发声不科学,邵瑞自己都十分着急,说是辜负了校长对他的期望,很是过意不去。

"哦,是这样!"我这个人很会感动,听了他的话,有点为自己的抱怨而内疚了,"那学费多少呢?"

"每月550元,我问了。"李立军补充道,"还是便宜的,学生价。我们这位音乐老师可是全市最有名望的音乐专家。"

我也听说过那位音乐老师,凭他的名望,每月550元的收费实属友情价,但对于每月只有1050元工资的邵瑞来说,几乎耗去了他的"半壁江山"。我忽然联想到在食堂就餐时,邵瑞从不买肉,只是挑蔬菜吃,并无端地认为邵瑞越发显得像棍子似的身材,跟每月支付550元的学费有关。

还有这样好学的小青年。我开始留意起他来。

万事从来就怕认真,勤还真能补拙,一年后的新教师业务比赛中,邵瑞居然捧了个市级音乐教师比赛一等奖回来。我和学校其他领导商量后，任命邵瑞为少先队大队辅导员。

二

2004年上半学期，市教育局组织全市小学生文艺会演。演什么好呢？邵瑞提议，我们排练舞蹈《小鲤鱼跳龙门》好了，因为这是金近同志创作的，去市里展演，可以亮出我们金近小学的特色。我和分管艺术教育的校长都说好。

就这样，我们请学校教舞蹈的金老师排练节目。邵瑞说："一个舞蹈节目涉及二十多个学生，一个老师忙不过来，我来协助金老师排练。"

一切都在顺利地进行中。可是，距离规定会演的时间还有二十来天的时候，教育局突然下了个通知，说是因为租用场地等原因，提前十天进行会演。

这下我们可乱了阵脚。整个节目学生倒是会跳了，可演出的二十八套服装，连布料也没有最后买定。更何况这个节目里的服饰，全是鲤鱼、河蚌、虾兵蟹将之类的动物服装，做起来十分不易。这可怎么办呢？去责怪上级"言而无信"吗？不敢。放弃参演吗？不能。

我立即召集了相关人员。邵瑞一开口就说："这服装的事，我来负责好了。"看着还未完全褪去孩子气的他，我不无担心地为他撑腰："好的，我和你一起负责此事！"

邵瑞或许也揣摩到了我的意思，哈哈一笑："校长先生亲自挂帅，没问题！"

有人说，校长是学校工作中最不可靠的角色，此话实在很有道理。刚说好我和邵瑞负责服装制作，可几乎是同时，绍兴市教育局一个通知，叫我去全市各地做特色办学的报告，白纸黑字写得清清楚楚：不得请假。

"去吧去吧，龙王龙子做大事，虾兵蟹将做小事。这几套服装的小事，就由我来做好了。"邵瑞的调侃，还有些暖人。

就这样，我向邵瑞"请了假"。一个星期之后，我带着领导对我的高度肯定"荣归故里"。一走进学校小鲤鱼剧场，就看到里面坐了一大群陌生的妇女姑娘，每个人都在紧张地忙碌着：有的在用衣针挑金线，有的在用剪刀做修剪，有的在用熨斗熨衣服，这支约莫五十来人的"娘子军"，好像一群训练有素的制衣工人，一丝不苟地各忙其活。

"何校长回来了！"顺着话音，原来是我身边的一个硕大的"河蚌"开口了。这时，我才发现，邵瑞正蹲坐在一个"河蚌"道具里，用缝衣针缀着一个扣子："这个蚌壳做得怎么样？"

我望着好像越发清瘦的邵瑞，不无感激地说："很像的，很像！"

"邵老师，你来看一下，'小鲤鱼'手上的套子，这样做好不好看？"一个响亮的女高音从前面飞了过来。

"好的！"邵瑞嘴里应着，从"河蚌"里弹了起来，向前面走去。

"邵老师，我的虾头做好了，你看一下行不行。"我身边的一位中年妇女站起来对邵瑞说。

邵瑞手里拿着一只"小鲤鱼"手上的红色套子，跑到我的身边，检验那只"虾头"，他很高兴地夸奖道："做得很好，这只虾简直就是活的。"

说完,他扬了下手里的"小鲤鱼"手套,提高嗓门说:"各位做鲤鱼手套的家长请注意了,手套缝完后,再斜着添三道一公分宽的金色边带,这样色彩会丰富一些。"他似乎觉得说得还不够形象,跑到舞台上,将手中的三条金边,用双面胶粘到手套上。红色的底纹配上金黄的边线,还真有点波光粼粼的意思。这时,我才知道,邵瑞请来的这批"娘子军",全是学生家长。亏他想得出来!

"邵老师,我的手套是'大鲤鱼'用的,边带用多宽的?"一个妇女举起了手里的鲤鱼手套。

"碗大勺有数,你自己看着办吧!"邵瑞不无幽默地说。

"哈哈——"剧场里一阵欢快的笑声。

"这个邵老师,说话真有趣。"我身边一个胖胖的妇女,显然和邵瑞混得有点熟,边缝扣子边笑着说,"邵老师,今天还有点心吗?"

"当然有啦!要想马儿跑得快——"

"当然要给马儿吃青草!"前面的一位中年妇女咯咯地笑着,抢去了邵瑞的话。

"哈哈哈——"又是一阵灿烂的笑声。

伴着笑声,邵瑞给每位学生家长送上了一袋面包、水果,笑着说:"休息一下,加汽油了!"

就这样,这天放晚学,在五十六名家长的配合下,邵瑞完成了全部的服装道具制作。为了表达我的谢意,我走到了台前,对家长们说了几句感谢的话。刚才向邵瑞要点心的那个胖胖的妇女,笑着说:"何校长,这是我们应该做的,都是为了学校。以后你只要打个电话给我们让我们过来帮忙就好了,不用写信的。"

写信？我写什么信。我嘴里应着"好的好的"，心想，这个家长该不会搞错了吧？可看看家长们的神情，他们好像都有同感，都在附和。

"校长写信邀请，更显诚意嘛！没事，我们校长可是作家，写封邀请信，小菜一碟。"邵瑞接过了话头。

家长散去后，邵瑞告诉我，为解决服装道具问题，他从全校班主任那里，调查到一批会针线活儿的学生家长，为表示诚意，就以我的名义，写了封邀请信，请家长前来帮忙。解释完后，邵瑞学着电视里的样子，做了个认罪的动作，顽皮地说："未经允许，我先斩后奏，不怪我吧？"

"不怪不怪。"我的心里溢满了春风，"你美化了我，让我不劳而获了通情达理的美名，我还要犒劳你呢！"

这次会演，我们学校以优美的舞姿、丰富的道具、富于特色的节目创意获得了舞蹈类一等奖。这可是近几年来，我们学校在全市的小学生文艺会演中取得的最好成绩。

三

后来，邵瑞担任了副校长，与我走得更近了。

近距离的接触，就像电视里的近景一样，远看时很雅致的面孔，因为过于放大，往往"催生"瑕疵。尽管我也知道，人无完人，但蓝天里不时飘过的乌云，不免影响天空的湛蓝。因为走得过近过密，我发现邵瑞有个十分致命的缺点，那就是不爱读书。不要说大部头的文学名著，就连读些短小的美文，也常常耐不住性子。

有时候说到书里的内容,他会表现出不屑的样子。有一次我和他参观李清照纪念馆,我说她的词写得就是好,像《如梦令》里的"试问卷帘人,却道海棠依旧",多有意境。他听后,竟说:"什么卷帘人来卷帘门,这些文绉绉的人!"

"真是俗人说俗话!"我心里笑骂道。

说实话,我虽不认定"万般皆下品,唯有读书高",但始终认为,最是书香能致远。一个懒得读书的人,缺少成事的基础,对于教师来说尤其如此。

"你写过的论文,级别最高的能发我几篇吗?"这一天,在我的办公室里,邵瑞对我说。

他一说,我立马想起平常,一遇到上级要求交什么总结、计划、报告之类的材料时,这个"卷帘门"总是投机取巧地从我写过的论文、讲座稿之类的文稿里,东摘一段、西挑几句去,还美其名曰"成果应用,经验推广"。我常常取笑他为"裁缝师傅",剪剪贴贴,拼拼凑凑。

那几天,我正为拆建教学楼而烦恼,没好口气地说:"我的文章,不都是任你安排的吗?没有了!"

他对我吐了下舌头,退了出去。

后来几天,我发现他每天放晚学后,总是将办公室门锁住,不知道在里面干什么。一般情况下,我放晚学回家,是全校最后一个。但那几天,我发现他比我走得还要迟。

学校负责教科的主任告诉我,邵瑞有个音乐与童话方面的课题要立项。这下就对了,怪不得前两天又向我要资料,原来他也想搞课题了。与文结缘是好事,但要让他自己动动脑筋。摘抄别人的,永远成不了

我相信命运。命运安排给你的好人,无论你穷困潦倒抑或一文不值,都会不声不响、不离不弃地降临,让你时时感受到生活是如此眷顾你、垂爱你,世界是那么美丽可爱、楚楚动人。

——《树根深深》

气候。

这一天,教育局打来电话,说是浙江省第十批特级教师要申报了,局里研究了一下,认为我可以参评,评审材料请于三天后上交。

我一听就来气了,对着话筒说:"你们讲点理好不好。这么急的事,为什么不早说?"

对方得理不让人,话虽说得软,却锋芒毕露:"何大校长,主要是你的成绩太多太高了,从暑假里的预备通知到现在,还不够您准备?"

我忽然想起来了,早在八月份的时候,局里是下过通知的,说是打算参加下半年省特级教师评选的教师要趁暑假准备材料,特别提到获奖材料起讫时间是从参加工作到现在。都怪我自己无头苍蝇似的乱忙,把这事早就忘到九霄云外去了。算了,算了,不评了。

正想着,邵瑞捧着一叠厚厚的材料,走进了我的办公室:"何校长,你看看,这样整理行不行?"

我傻了,放在我桌上的竟全是"何夏寿第十批特级教师评审材料"。我粗粗一数,共二十本,每本评审材料大约有四百多页,材料的封面都是我的彩色课堂照。我打开其中一本,只见目录上清清楚楚地列着我各个时期的开课、论文写作、获奖和文章发表等情况。

虽然正值隆冬时节,面对着邵瑞送上的这叠资料,我全身发热:"这些天,你就在为我准备这些?"我感动得无话找话了。

"不是为你准备,是为我们学校准备。"他的笑,裹挟着真诚与直爽,"真要是评上了,我们学校的老师,我们学校的孩子,都长脸了。"

"这么说,是辛苦我一个,光荣你我他!"

"就是!"

哈哈哈，我们都大笑起来。

我带着邵瑞的"重托"走上了参评之路，经过从区到市、从市到省的层层考评，我还真评上了"浙江省特级教师"。消息传来，邵瑞兴奋地对我说："何校长，恭喜，今晚我请您！"

"不，应该是我请你们！"

这一天晚上，我叫上了几位十分要好的朋友，找了家附近的小饭馆，算是答谢。虽然大家知道我滴酒不沾，但出于贺喜，朋友们还是一个劲儿地要我破例饮酒。在人情和酒精之间，我进退两难。见此，邵瑞站起来为我挡酒了："这次何老师评上特级，我们喜不喜？"

"喜！"朋友们齐声喊。

"喜就干！"邵瑞带头一饮而尽。

邵瑞挺会喝酒，又善言辞，酒过三巡，酒劲更催辞情，他的话越说越多。有一个朋友"逼"着我喝，邵瑞接过杯，替我一饮而尽："荣誉给特级教师，这种美酒，就让给我好了！"

那个朋友还要再劝，邵瑞一指酒店里的挂钟："都十点了，'瞎婆睡觉天不亮'了，走了走了！"

一经提醒，大家都说时间不早了，明天还要上班呢。

聚会散去，我送走了所有的朋友，去收银台结账时，服务生一算账，递给我五十元钱。我问这是怎么回事。服务生告诉我："刚才那个瘦瘦的小伙子，进店时押的钱！"

回到家，那位朋友打电话给我，说邵瑞真是个好人，他后悔当初没招邵瑞去他们学校。

我忙问怎么回事。他对我说："邵瑞毕业前实习就在我们学校，也想留在我们学校,我也答应过邵瑞。可后来,我们还是选择了另一个新老师。不过邵瑞很大度,不记恨。这些年,经常为我们学校的文化建设出谋划策,有时候我想想都难为情。"

"哦,有这事?"我问了邵瑞。

他笑笑说:"我是瞎眼小鸡天照应,遇上您这样的好校长!"

我想探探他的心:"那年他伤害了你,你真的不记?"

"真要记,我也不会常为他办事了。再说,人家也有难处嘛!"邵瑞"嘿嘿"一笑,清澈的双眼在镜后一眨,"俗话不是说吗?宁可种花,不可种刺。"

好一个"宁可种花,不可种刺",这么精辟而富于意味的言语,居然出自邵瑞这么一个不爱读书的"俗人"之口。我开始怀疑"不读书不明理"纯属一孔之见。平心而论,邵瑞算不上是喜书之人,但就是这个不善读书的"俗人",每次总是以非常"读书",甚至胜似读书的方式,将人情的真诚、友善、温暖及理解、豁达、包容,春风化雨式地沁入人心。

世事洞明皆学问,人情练达即文章。不是吗?

笑 死

一

李丽萍是我 1998 年收的徒弟，徒龄二十三年了。

有一次，我和李丽萍闲聊《红楼梦》中的美人之死：林黛玉是"恨死的"，王熙凤是"霸死的"，贾元春是"孤死的"……

"那我以后会怎么死呢？"李丽萍笑道。

"笑死的。"我的话没经过大脑。

李丽萍兴高采烈地说："是的是的。"随之，一串水灵灵、甜蜜蜜的笑声，注脚一般地响起。

我当然不是随口说的。

我最早发现她会"笑死的"，还是在 1999 年。

那是个夏天，我初做校长，抓童话写作比夏天还火。放暑假了，我让每个青年教师写四篇童话给我，弄得有的老师，烦得叫起来比知了还起劲。

"什么是童话啊？我从小到大都没写过童话呀！"

"要写四篇啊，两篇行不行？"

…………

这个说不知童话为何物的就是李丽萍，那个仿佛在农贸市场讨价还价的还是李丽萍。我说:"你从小到大教过书吗?你少叫点不是有时间写吗?"她咯咯地笑道:"去写还不行吗?"

一个星期以后,她跑到我家来交作业,还很隆重地叫上了吴洁、苗青人。这两个比李丽萍还迟分配一年,在她俩面前,李丽萍一直充当着大姐大。

吴洁的,不错;苗青的,可以发表了。

"校长大人,我的直接获奖,是吧?"李丽萍一脸灿烂。

"你的,不像童话!"

"难道像神话?"

"鬼话!"我不容她分说,"思维模糊,逻辑混乱,重写。"

吴洁和苗青都笑了。我感到话说得有点重,特别是当着她的两片绿叶的面。我担心她会哭。

她像中了奖似的,从我手中抢走了她的童话:"我知道,师傅偏爱徒弟,不让我青出于蓝不罢休的。"随即,鞭炮似的一串笑声,颠覆了我的判断。

后来,李丽萍的童话越写越好,连连在报刊上发表。2005年,她竟辅导学生写出了一本长篇童话,硬是把自己的名字写成了金近小学鲜亮的一抹。我想表扬,她得意地一扬脸:"咱本来就是白天鹅嘛。"

二

我趁机对她说:"天鹅小姐,下周一外地有个参观团,要来我们学校考察童话教育,你到时上一节童话课吧。"

说这话,我是做好她拒绝的打算的。近来李丽萍老是要请病假,说无缘无故头疼，到杭州、上海的大医院到处就医不得好转；再说下周和这周其实只隔了一个双休日。

"咯咯咯……"在开场笑之后，李丽萍高兴地说，"太好了，给了我这么好的机会。"

我被她笑蒙了："你的头疼好了？"

这一问，她"唰"的一下流泪了，像是我戳破了她的泪缸。我忘了交代，李丽萍，因家庭有点变故，从小没有母亲照顾，样样都得自己来。像她这样年纪的小姑娘，回到家，可能连洗脸水还要母亲给烧呢。而她，生了几个月的头疼病，我还要她上公开课，而且时间还这么急。我觉得自己有点不够人性化，担心她骂我脑子有毛病。

"如果……"我想收回。

"不用如果了，"李丽萍擦了下眼泪，"我星期天去备课，下周一来得及的。"

"你的头疼怎么样了？"

"没事的，反正医生也查不出什么原因。痛就让它痛吧！"李丽萍又咯咯咯地笑了，"只要你不念经，说不定我的头就不痛了。"

"我念经？"

"师傅，徒儿知错了！"李丽萍笑着做了个孙悟空的动作。

我终于反应过来："悟空，师傅表扬你！"

李丽萍笑道："多谢师傅。我宣布，我的头从此不痛了。"

我们都笑了。

李丽萍以她出色的语文教学，尤其是童话写作，很快成为学校的语文骨干，担任了学校语文教研组长。她抓语文阅读、书写、写作，不光学生，老师也不例外：听说读写，一个一个地在教研组里过关。谁不过，就学蚂蟥盯牢谁。在她的努力下，我们学校的语文教学质量，有头有脸，风风光光，深得有关语文教育专家、知名教师、市县教研员的交口称赞。

三

李丽萍终日笑不绝口，像是吃了"笑素"。学校为了体现导向，想让她担任工会主席，让她填一张后备干部考察表，她说什么也不任，不填。她说她天生不爱当官，只爱教语文，想在语文教育方面为学生做一些事。

可是有一天，她突然对我说，不想做这个语文教研组长了。

"舞台太小，想做校长？"见她苦着脸，我笑道。

"校长也太小，我想做局长。"

看样子，她心中有气。"说来听听，万一我能让你梦想成真呢！"我说。

于是，她像放机关枪似的，把心里的委屈噼里啪啦地放了出来。

这个学期她在抓学生的朗读，要求语文老师首先过关。这周的教研活动，是让每个老师朗读一篇自选课文，在组内读，大家评。大部分老师都默认了李组长的"号召"，但有一位青年教师当场说李丽萍花样太多，为了当先进组长，老折磨人，气得李丽萍差点晕过去。

"语文组不是先进教研组吗？"我笑着说。

"是啊！"

"先进教研组的组长不先进吗？"

"当然先进喽！"

"那他没说错啊！"我玩笑道，"不想当先进教研组长的组长不是好组长。"

"笑话，我这种人会在乎一个组长？"

"你不在乎组长，那你在不在乎你所开展的这些活动？"

"这是为学生好的，当然在乎了。"

"如果你不当组长，这些活动都不搞了，你在乎吗？"

"那不行的。打铁要靠自身硬，老师都不行，怎么去教学生啊？"

"这就对了。"我用手止住了她的辩解，"还说是孙悟空，才受了这么点委屈，就动摇了去西天取经的勇气，太小女人了。"

"哈哈哈，校长大人，我想通了。"李丽萍的脸上纯净得连白云都没有一片，"师傅在上，徒儿明白了。走自己的路——"

"让别人跟着你走！"

她一愣，随即又咯咯地笑了："必须的！谢谢师傅！"

"谢谢师傅"，这是李丽萍二十多年来，常挂在口头的话。每次听她这么说，我都觉得有点不好意思。我想对她说："其实，我当你的师傅，并没有给你多少，只是一点点的启发，一点点的感悟。而你每次听我的课，读我的文，都是由衷的，还由衷地对别人说：'这是我师傅上的课，写的文章，多高大上啊！'除了自己由衷，还欢天喜地地把关于我上课的推送、我写的东西发到你的微信朋友圈，仿佛想让全世界都由衷。"

说实话，我在别的城市上课、做讲座，也有人拜我为师。但我知道，大多数情况，那可能是一种形式，或者说是一种激动。不像你，二十多年了，天天面对我，都是一脸灿烂，一脸由衷。连我说你会笑死的，你依然如故。

第七章 / 结果

向"童话"致敬

在我们浙江绍兴,十八是一个很值得纪念的数字。象征着青春,象征着成熟。十八年的花开花落,寒来暑往,当年的小女儿戴上了红盖头,昔日的小男孩摇起了乌篷船。于是酒为他们而饮——"女儿红"黄酒闻名遐迩;歌为他们而唱——《九九女儿红》传遍神州。

十八年前,在我们学校提出开展童话教育之初,为检测我们的教育效果,学校曾向一百二十位学生承诺过:"十八年后,不管你们在哪儿读书、工作,学校一定去看你们。"

许诺简单,践诺可就不那么容易了。十八年过去了,但教育之内、教育之外的任务多而杂,学校很难调动更多的老师抽出成块的时间,用来逐一走访一百二十名曾经的"小鲤鱼"(金近小学的形象大使,取自金近童话《小鲤鱼跳龙门》中的"小鲤鱼")。失信是注定了的,但为了不至于失情,还为了保留一丁点残剩的"信义",学校最后决定给这一百二十位学生每人寄去一张"一梦童话十八年情况调查表"。几天之后,反馈表雪花似的寄回了学校。

作为校长,我像收获了蕴藏着大奖的奖券一样,迫不及待且乐此不疲地阅读着昔日的孩子们的来信,倾听着他们的心跳,感受着他们溢于言表的喜悦。我注意到在我们设置的"从事工种"一栏中,有报告在名牌大学读研的，有介绍自己在公务员岗位为人民服务的，也有讲述手握钢枪保家卫国的……但不知为什么，在自我评定的"成功指数"一栏中，我始终将关注的目光投向填写"一般"或者"普通"的学生。我以为，那里是生活最真实的田园，社会最稳固的码头。何况，我们从没有想过一定要通过童话教育，让学校和孩子走得多远、飞得多高。

在我们的调查表中，除了一些诸如学历、从事工作、成功指数等基本的信息外，还辟出了三分之二的版面，要求被调查的学生写一个自己的"美德故事"。这可以说是我们整个调查的核心，也是我们当初开展童话教育的意义和今天的追求。学生多，故事多，生动的也多，有的甚至令人感动。而感动一旦转化为力量，我便无法抗拒了。我终于下了决心，暂缓手头的工作，圈定其中两位，以学校的名义走近他们，聆听他们。

再做"小红帽"

任丽，镇上一家民营幼儿园的老师。我来到了这所很不起眼的幼儿园。见是我，任丽显得很惊讶，也很腼腆。我表明了来意，说是想听听她和病孩子的故事。这一说，她的脸更红了，一个劲儿地说："校长您别当真，我是想不出自己做了什么值得记忆的'美德故事'，为了避免交空作业，才拿这事应付的。"我坚持说，我今天就是专程来批改这份"作业"的。另外再次重申，像当年读书时一样，不要叫我校长，叫我老师。见我当真，任丽一边笑着说"好的好的，老师"，一边把我请进了办公室。像是回忆,又像是追思,她的表情十分凝重,讲起了下面的这个故事。

那一天,是去年秋季开学后第二个星期的周二。放晚学的时候,一个女人,披头散发的,跑进了幼儿园。我正要问,她一把抓住了我的手,用浓重的贵州口音说:"老师,你有红帽子吗?"她的神情举止把我吓了一跳。我想,我今天碰上一个疯女人了。我开始留心看她的手上有没有刀子,如果有的话,我得赶快喊救兵。还好,她手上没有刀。她见我迟疑着,"嗵"的一声跪倒在我的跟前,哭着说:"老师,我女儿白血病,要红帽子,她……她五岁,她快死了……"

她说得语无伦次。但她的眼睛,她的行为,她的语言,她的失魂落魄,已经十分清楚地告诉我,她有一个五岁的女儿,快要死了。但孩子可能要一顶红帽子,作为母亲她想要满足孩子最后的心愿。我的心被抽得紧紧的:这个可怜的外地女人,那个可怜的外地孩子。可是,到哪儿去找红帽子?我忽然想到了学校舞蹈室演出用的小红帽,我拔腿就往舞蹈室跑。等我取来帽子,那女人一下从地上弹起来,死死地拉住我的手,用近乎乞求的语气对我说:"老师,我孩子要老师给她戴红帽子,您行行好,跟我去我家一趟!"

我的手被女人握得生疼。我知道,面对一个急疯了的母亲,我今天去也得去,不去也得去。一路上,我们跑过了好几条巷,跨过了好几道沟,终于,蹿进了一间低矮的小平屋。女人的孩子正由女人的男人半抱着,坐在床上。女人一进门就喊:"囡囡,红帽子,老师!"

小女孩瘦得只剩骨头,脸已经白得像纸,母亲一喊,她微微地睁了一下眼:"老师,小红帽!"

女人连忙说:"我给你找来了老师,老师给你戴红帽子。"女人一边说,一边将红帽子塞到我手上。

小女孩用力摇着头,声音更微弱了:"老师,小红帽……"

我有点明白小女孩的意思了。我问女人,你孩子上过幼儿园吗?她说孩子在别的地方上过一个星期的幼儿园,后来就病了,再没去了。这下,我知道我的猜测完全对了。于是,我对孩子说:"囡囡,我给你讲小红帽的故事,好吗?"

小女孩一下睁大眼睛。啊,那是一双会说话的眼睛,一双我一生从没见过的漂亮眼睛,睫毛长长的,眼睛大大的,只是没有光。那无光的眼睛告诉我,孩子要的不是红帽子,而是她一直记着幼儿园里老师讲过的《小红帽》的故事。这是一个多么善良、多么可爱、多么令人心疼的小女孩啊!

我含着泪,调动我所有讲故事的能力,绘声绘色地讲开了:"在一个神秘的森林里,有一个非常非常可爱的小女孩,她叫小红帽。有一天……"

小女孩听得好认真啊,她分明已经和故事中的小女孩一起,走在郊外的田野上了,她看到了美丽的苹果树,闻到了喷香的苹果花……为了制造逼真的效果,我还将带去的红帽子戴在头上,边讲边演,边演边唱,比参加我们幼儿园老师才艺展示还卖力百倍地表演着。孩子好无力啊,一会儿睁开眼,一会儿又闭一下眼。但孩子随着故事情节发展而变化的表情告诉我,故事已讲到孩子心里去了,讲到孩子残剩的生命里去了。听完了故事,孩子竟说:"我要和小红帽睡觉!"

讲到这里，任丽停住了，不好意思地对我一笑："老师，您猜后来我怎样了？"

"你做了小红帽，带孩子睡了！"我回答得几乎不假思索，因为我相信泡过童话的任丽。

"是的，不但我，还有孩子的母亲。我们都睡在一张床上。孩子是导演，我演小红帽，她妈妈做外婆，她爸爸自然是大灰狼。这时候，我都忘了自己的儿子还在家里等着我回去做饭呢。

"就这样，这一个晚上，在我们的'演出'中，我们送走了孩子。

"这件事，我一直没有对任何人说过。这次，要不是因为学校要调查，而我又真没做过什么引以为荣的美事、好事，我恐怕不会搬出这种小事草草应付的。老师您说，在当时的情况下，换了谁不都一样会这么做吗？何况我们在小学里，读了那么多暖心的童话。那年学校搞首届童话节，我还真演过'小红帽'。十八年后，我无非又做了一回'小红帽'而已。"

任丽仿佛是在说别人的故事，不激动，更不夸张，就像童话一样，单纯、朴素。我能说什么呢？只是轻轻地向她点头。

"狼心也是软的！"

"我记得那是一节童话课，老师说，坏人也不是什么都坏，狼心也有软的时候。"面前这位胖小伙儿，长着一双精明而慈善的眼睛。

他是镇上某某川味馆的老板，姓金，也是我们学校的毕业生。见是老师去看他，他一遍又一遍地用纸巾擦着已经很干净的手，把我拉到他的接待室，端上了热气腾腾的茶。

我说明了来意，想听他再讲讲写在调查表上的故事。

他好像变得很警觉，站起身来，探身向门外望了一会儿，还轻轻地关了门，于是，有了下面的故事。

三年前的一个冬夜，我送走饭店里最后一拨客人，正想关门，来了一个黑黑瘦瘦的青年。他背着一个双肩包，大约十七八岁的样子，好像是学生，又像是个打工的。他一进门，就用带四川口音的普通话点了一份"毛血旺"。说实在的，我们这店刚开张的时候做的是海鲜生意，我从没有做过川菜。但客人既然已经点了这菜，我只能按着自己的理解，在锅汤里，放上豆芽，放点牛肚，再放点猪血，然后放上辣椒胡乱地煮上一锅。

中途，为了找配料，我又从厨房里出来过一次，看见小伙儿没有在大厅，而是站在收银台前看挂在墙上的营业执照。

小伙儿要了一大碗米饭，就着这盆三不像的"毛血旺"，狼吞虎咽地吃了起来。店里只他一人，为活跃气氛，我搭讪道："你是哪里人，在哪里工作？"小伙儿说是四川的，在附近读中学，晚自修刚散。我发现小伙子吃饭时一直背着书包，便说："这年头读书真苦，你吃饭还背着书包。"说完，我伸手帮他去卸书包，他却一下子从座位上跳了起来，说："不用，我习惯这样背着书包吃饭。"我觉得这中学生有点特别。

中学生可能太饿了，就这么一锅很不像样的"毛血旺"被他三下五除二地倒进了肚里。到付钱时，中学生说刚才走急了，钱忘在学校桌肚里了。我说没事的，只是三十块钱，那中学就在附近，下次方便时给就行。

第二天,也是差不多的时间,他又来了。还是昨天那样的蓬头垢面,还是背着双肩包,还是"毛血旺"加米饭,而且还是和昨天说的一样,钱忘带了。不过这次,他提出能否记十次账,回头一次性支付,说是父母回老家办事去了,要一个星期后才能回家。他将一张附近某某中学的学生证作为"信物",押给了我。从学生证上,我知道他叫黄石。

我看着他不无稚气的脸,想到一个外地中学生在陌生的地方生活的不易,同意了。

于是,每天大约晚自修结束前后,他会准时来我店里,我也会准时端上我早就煮好的"毛血旺"。有时,我还给他递上一瓶热牛奶。

"你就这么相信他吗?"我打断了小金的叙述。

"其实,我早就知道他不是个学生。"小金往我的水杯里添了添水,继续讲下去,"第三天我有意碰了他的书包,觉得很沉,好像里面装了铁器似的。当天他走后,我调看了店里的监控,发现在我进厨房烧菜的时候,小伙子就在四下找东西。我怀疑他想偷什么东西,只是一时下不了手。我也去过附近那所中学,那里根本没有一个叫黄石的学生,更不用说学生们每天都在上晚自修。"

"那你为什么还要让他每晚光顾?"

"我相信狼的心也是软的。"小金一笑,故事继续。

十天后的一个晚上,那个叫黄石的小伙儿,给了我一个成色很正宗的戒指,说是他老妈回来了,但手头没钱,只有这个戒指值点钱,就拿来抵这么多天来他在我店里的消费。我一直以为他是想到我这里吃白食

平凡和朴素，淡泊和自然，是教育最初的源头，是人生最终的归宿。这一刻，我更坚信：童话，对人的一生，启迪是真的，温暖是真的，感召是真的，滋养是真的，信任是真的……

——《向"童话"致敬》

的，没想到他还真那么信守承诺。那晚，我打算为他多烧几个菜。但小伙儿却说不了，他今天是来向我结个账、道个别的，明天他就要回四川老家去了。他低下头不好意思地说："老板，我骗了你，我不是中学生。"

我说我早就知道了。

他显得很惊讶，也很激动："那你怎么还肯每天给我做毛血旺？"

我说："我小时候，有个教童话的老师讲过，狼心也是软的。"话一出口，我觉得我说得太不恰当。

他呆呆地望着我。许久，他像下了决心似的，将一直背着的书包，放在收银台上，说了句"老板，我是狗！"，转身消失在夜幕中。我打开书包一看，里面装的全是刀子、锤子……

"后来发生的事就是你在调查表中写的，那个小伙子给你的戒指是你小姨子的结婚戒指。"我说。

小金说："老师，您还真的都看过我写的'美德故事'了。"他笑了笑，又给我的杯里添了添水，简单地将故事结了尾：

第二天，我小姨子来店里，说是昨天抓了一个小偷，很可恶，大前天偷走了她的戒指，今天又来偷电瓶车，幸好这次他们家有防备了，将小偷当场抓住，扭送到派出所。可惜那小偷偷的戒指早就卖掉了。我说我这里有个戒指。她一看，说就是她的，还找到了她做的三角形记号。于是，我将事情的经过一五一十地对她讲了。为了争取小姨站到我这一边，我特别强调："狼心也是软的。"

就这样，我和小姨子去了派出所。小姨子说不好意思，戒指是自己藏过了头，现在找到了。

那个叫黄石的小伙子，当即向我和小姨子下了跪。

一年以后，小黄又来到了我店里。这一次，他精神多了，气色也很好。一进店，他很阳光地说："老板，我回老家考了厨师证。你只要给我每天三顿饭，提供一张床，我免费给您做正宗的川菜。"说完，他将一本厨师证递给了我。

就这样，我的店里多了一道道川菜。后来，因为我们这里对外招商工作做得好，外来务工人员特别多，川菜生意特别走俏，也特别好做。小黄做川菜又利索又拿手，我们店成了方圆十里川菜做得最有名的小店，全镇的人都知道我这里做的川菜最地道、最味美。

"所以你连店名都叫川味馆了。"

"对的，对的，嘿嘿！"

小金站起身来，又往外探了探身子说："小黄现在正忙，过会儿您和他讲几句话，怎样？"

我说："我都被你感动得没话可说了，真的。你不是在做菜、开店，你简直就是在做教育，不但教好人做好人，还能教误入歧途的人也成为好人。"

整理访问记录的时候，两个被访的学生，一再强调不要写他们的真姓名，因为他们不愿意声张，更不愿意伤着别人。他们还一再说，他们的生活实在太普通、太平常了，根本不值得我去写。

我尊重他们，就像尊重童话。

的确，他们够一般，太普通了。但我要说，正因为有他们这样的

"一般"或"普通",才有满天的星辉闪闪,才有满地的芳草葱葱。

平凡和朴素,淡泊和自然,是教育最初的源头,是人生最终的归宿。这一刻,我更坚信:童话,对人的一生,启迪是真的,温暖是真的,感召是真的,滋养是真的,信任是真的……

我不知人类什么时候有了童话,但这并不妨碍我用童话的名义向"童话"致敬。

局　长

我是一个乡村小学的校长，普通得跟满地的大豆和高粱似的，这种多你一个不多、少你一个不少的人，应该不会被领导记住、被领导关心。可我想错了，真好。

一

2001年，那时担任上虞区教体委主任的是陈主任。开会时，我远远地听他讲过很多精辟的话和深邃的道理，但从没单独和他说过话。唯一的一次，是在教体委的男厕里遇上了，我喊了他一声"陈主任"，他回了我一句"何校长"。我激动至极，原来工作繁忙的陈主任认识我，不仅知道我姓何，还知道我是校长。我把陈主任对我的称呼当作奖励，发奋工作。

有一天，教体委人事科通知我去一趟委里。我问什么事，科长说是好事。

坏事也得去。我坐了一个小时的公共汽车，来到了人事科。科长拿出一张表，叫我填一下。我一看，是"浙江省'春蚕奖'推荐表"。

我虽寡闻，却也知道这个奖来头不小，分量不轻，是省厅级的，一个县每年只评一个，获奖者多是县里重点学校的领导、老师。获奖者，明星般的亮。我眨着眼睛，怕看错了，被人家当笑话讲。没错，是那个"蚕宝宝"。

我问："科长，写我吗？"他说："不写你叫你来干什么？"我怯怯地说："我这么好运啊！"

"是的。陈主任亲点你的！"我差点没有晕过去。

就这样，那年教师节，我获得了浙江省"春蚕奖"，第一次取得了省级荣誉。

陈主任，这件事你肯定不会记得的，是吗？可我死死地记着。

二

2002年，教体委已经改名为教体局了。有一天，我在外面讲课，回学校时，副校长李立军对我说："宣局长来过我们学校了，他高度肯定了我们的童话教育。他还说，我们学校名声在外，可设备设施太落后了。"

宣局长是接替陈主任的，从上虞市府办过来的。听人说宣局长有思想，有魄力，办事干练，特别敢担当。那个时候，我们学校已更名为金近小学了，童话教育特色也基本形成，省里也到我们学校来开过一次特色学校建设现场会。下一步办学的路怎么走呢？有人建议我找局长申请，把学校由村完小升格为镇级小学，这样发展会更好。我当然也想，可是我没有胆量去找局长，一直搁着。

听李副校长这么一说，我萌生了去找宣局长的念头。我立马与教研室的阮老师商量。

| 爱 满 教 育 |

　　大概是两天后，阮老师打电话给我，说宣局长就在我们学校附近的沥海镇搞调研，让我马上去找他。我问："可以吗？"她说："我已经同他汇报过了，你去吧。"我不争气地说："阮老师，你陪我过去吧，我有点不敢。"阮老师心软，从县城打车过来了。

　　我们找到了宣局长，他正在一个小宾馆里写调查报告。

　　"宣局长好，我是金近小学的何夏寿。"

　　"不用介绍了，你大名鼎鼎，我早知道了。"宣局长像老朋友似的，拍了下我的肩膀，"我在市府办的时候，就听说你这位校长，把童话教育搞得特别好。前两天我去了你们学校，你不在，你们副校长带我走了一圈。办学有特色，'童话滋养童心'的理念也很好。小学生嘛，是应该让他们多读多听童话，活泼点，快乐点。小学教育不要像初高中，弄得那么严肃，紧张兮兮的。"还没等我开口，宣局长接着说："你们学校的设备设施太差了，在外面名气那么响，走进来一看，校舍啊，馆舍啊，布置的质地，都不够好。"

　　我说："我们学校毕竟是村办小学，设施也好，师资也好，都是村办小学的配备。所以，我想申请，把我们学校升格为镇级小学，这样可以更好地提升我们童话教育的品质。"

　　"可以啊！"宣局长很爽快，看了眼坐在边上的阮老师，"刚才阮老师也对我说了，我觉得你们学校应该升格。你们都为上虞教育做出了贡献，提升了上虞教育的知名度，应该奖励。以后别的学校做得好，也可以升格。教育体制可以创新嘛！"

　　我谢谢局长，他说不用谢，应该的。一会儿，他又补充道："何校长，学校升了格，但你五年内不准打调动报告哦！"

我好感动。我连连说:"宣局放心,不要说五年,就是五十年我也不会打的。"

我们都笑了。

这些事,宣局长估计忘了,我却死死地记着。

三

学校"升级"后,发展的态势还真的级级上升。我们的"童话育人"模式多次在全国、省市级会议上亮相,全国数万校长、老师来我们学校参观。2011年,"童话育人"被省教育厅评为"十大育人模式创新"之一。

这时候,章局长主政上虞教育了。有一天,局办公室主任打电话给我,说《浙江日报》头版记者明天要来采访我。我说:"采访办学特色吗?"主任说:"不是的,采访你个人,报社要推出'教育系统最美人',你是全省打算推出的第一人。"我说:"我不够格啊。"主任说:"别客气了,你是章局长力荐的,为此他还专门向《浙江日报》总编室申请了。"

我当然不会晕过去了。说实话,几十年校长当下来,接受的采访,不说有上千次,至少也有上百次,要晕早就不醒了。但说实话,心里还是蛮感激局长的。全浙江有那么多的好老师,凭什么让我那么幸运,被推荐为全省"教育系统最美人",而且还是在头版位置?

第二天,《浙江日报》的编辑、记者来了,还有我们当地《上虞日报》的总编、记者,教体局办公室主任,浩浩荡荡一帮人,有找我聊的,有找老师谈的,把我的"行为"搜了一遍。快到十一点的样子,高高大大的章局长来了，见到我说："何校长，辛苦你了。"

我握着局长的手说："不辛苦的，要谢谢局长您呢！"

章局长笑道："哪里的话？是你做得好，我把你的故事跟编辑一说，他们都感兴趣。你为我们上虞教育争了光，真要感谢你。"

一个星期后，《浙江日报》头版以《营造乡村儿童的童话王国》为题，长篇报道我的教育故事。

再一个星期后，上虞教体局党委发文《关于开展向何夏寿同志学习的决定》。

这些故事，这些温暖，我常常想起，死死记着。

四

2017年，局长换成了蔡局长。据说蔡局长是上虞教育史上第一位女局长。蔡局长喜欢文学，讲话也文学，一些常用和不常用的诗词，会从她的报告和闲聊中跳出来，而且想更换一个词句显得很难。光凭这一点，蔡局长就深受我的拥戴。

我一拥戴，就送上一本我写的书。

她翻着书笑着说："以前在别的局，我真的读了不少书。到了教体局，反而很少读书了。"

个中原由，我懂的。蔡局长要管全区十五万师生的吃喝拉撒、教育教学，要让他们满意不说，还得让政府和社会满意，岂是一个"忙"字了得？何况是"教体局"，你不但要管教育，还得管体育。

大概过去了一个月的样子，我收到了她发我的微信，说是祝福我有一个伟大的母亲。我多此一举地问:"怎么说这话?"她说她正在读我送她的书,刚刚读完《母亲:我的教育家》一文。

我一看表,十二点半,正值机关午休时间。我很感动。

后来,我很感动地向她致了谢,并向她提出了深藏多年的辞职请求。我的理由很简单:干了一辈子"革命"工作,我要歇歇了。她动员我继续"革命",但我一意孤行。她知道,强留一个执意离去的人,让他留下也是白留,便同意了。

我以为,辞去了职务的人,就像泼出去的水。可我想错了。

2018年的冬天,下了一场大雪。我在学校里写文章,黑着屏的手机亮了,是蔡局长发来信息:愿岁末的这场雪,抹去所有的烦恼,来年了无闲事挂心头,祝福新年。

望着窗外的飘雪,读着手机里的文字,我的鼻子酸了:为局长的豁达,为我的"背叛"。

语 文 乐

我的导师周一贯出生于 1936 年。

如果有人说周老师是个老人,我必定跟他急,也必定不闭嘴。而要推翻他的"谬误",只消我讲这一天的故事就够了。

那是去年六月,一个星期天,我有件小事,约好趁着星期天,去绍兴的周老师家,听听老师意见,顺便也去看看老师。

趁着早上凉快点,还不到七点,我便来到了周老师位于绍兴城南的家。怕打扰了周老师的晨休,我便在他家附近的小花园里,呼吸着一天之中最"年轻"的空气,看看鸟儿们唱唱跳跳地做着"晨练"。忽然,手机响了,是周老师打来的。

"何夏寿,你今天来不来我家?"周老师的声音洪亮得如同校园里的那口大钟。

"我已经在楼下了,周老师。"我笑着回答。

我上了楼,走进周老师差不多能吞没人的书房。周老师不解地问:"你干吗不上来?"

望着周老师满头的白发、孤寂的身影,我实事求是地说:"我怕您还在休息。夏天早上睡觉很享受的。"

"哈,睡那么久干什么?将来总有长睡的机会。"周老师风趣地说。

我笑笑,习惯地问:"周老师,最近在忙什么呢?"

周老师指着书桌上铺开的一桌纸，脸上洋溢着红光："我在编一套《周一贯八旬文丛》，已经编好了两本，交出版社了……"

"一套文丛？共有几本？"我知道周老师是个很勤奋的语文人，每年至少在全国各家媒体发表三四十篇教学论文，做三四十场专题报告，指导几十位青年老师备课上课，但一听说他要编辑一套文丛，已经编了两本，而且还在编，加上"八旬"的定语，我着实有点"大惊小怪"了。

周老师的目光像是窗外晨风里摇曳的喇叭花，娴静，淡然："不多，七本。"

"天哪，七本！"我听得见我的心在大惊小怪地喊。为"伪装"自己，努力不让周老师看到我的浅薄、无志——周老师不喜欢他的学生不才，更不喜欢他的学生以不能不敢为由，从精神上把自己降格为侏儒——我平静地说："哦，七本。"

周老师给我递来了一杯沏好的茶。几月不见，他手背上的老年斑又多开了不少"连锁店"。

"八旬，这两个字很好！"我有意加重了"八旬"。当然，我是在提醒老师，您八旬了，按照我们绍兴人的说法：七十不留宿，八十不出门。都到了"高危"年龄，还那么卖命编书，何苦呢？

周老师显然知道我强调"八旬"的意思。"何夏寿，我非常认同有位老专家对我说过的一句话：'一个老年人，与其待在家里，坐以待毙，不如找事做，垂死挣扎。'虽然生命的长度几乎相等，但深度就不一样了。"

周老师的眼睛里喷射出黄昏时分太阳下山时的光亮，我被照得有些眩晕。周老师转移了话题："你说，你找我干什么？"

我趁机躲开了老师的目光:"是这样,有所学校,其实您也知道,是杭校长的学校,投入了一个多亿,新建的,邀请我做他们学校的文学教育导师,在他们学校里设一个工作室。我有点想不好:不答应,怕人家说我高傲;但答应了,真想做事也很累的。"

杭校长也是周老师的学生,周老师也十分了解他。听我说完,他大为兴奋:"好啊,这是个好机会啊,它可能会关系你的后半生。"

"有这么重要吗?"我问。

"你都五十出头了,也该考虑'后事'了。"周老师笑道,"难道你真打算退休后,去开个什么越剧馆,教孩子唱越剧吗?"

我想起来了,有一次,我和周老师聊天时说过我的"远景规划"——退休后,我不写作,不讲座,彻底与语文甚至与教育作别。然后,放大自己的业余爱好,在家里开个越剧馆,教孩子唱越剧玩。我记得当时周老师淡淡地说了句"这只能玩玩的"。

可没想到,周老师居然还把这事记在心上了:"何夏寿,我知道你喜欢唱越剧,也承认你越剧唱得好,但毕竟你不是特级演员,你是个特级教师。特级教师这个头衔不是退休制的,而是终身制的。于私于公,你都应该终身从教。"

我知道,周老师一直说我是个十分感性的人,我也能听出他的弦外之音:在周老师的眼里,感性的人很会受环境的影响,我是一只看着山羊吃草会忘了比赛的兔子,迷恋蜻蜓蝴蝶会忘了钓鱼的小猫。

为"迎合"老师,我玩笑道:"好的好的,我不开越剧馆,就开教育馆!"

"这就对了。"周老师呷了一口茶,仿佛拯救了一个迷路的孩子。

忽然,周老师的脸上,掠过一阵神秘:"你看这样可好,你去申报一个儿童文学教育研究会之类的组织,然后把总部设在杭校长那所新学校。这样,你将来的儿童文学教育就有根了,同时,也帮他们学校找到了办学方向。"

"用儿童文学办学?"

"是啊,将你多年的校长工作和语文教学的实践经验发挥出来,影响更多的学校,以语文课程为核心,带动学校其他课程的发展,用儿童文学打造学校儿童文化……"

周老师的话像初夏的湖水,在我的心里漾开了,一圈又一圈,温柔、轻盈,撞击着我的心,一下,两下……

"对了,你打电话给杭校长,说我们现在就去他学校看看。"周老师说得十分坚决。

我明白老师的做事风格,与其说不,还不如说走就走。

于是,我用车子驾着周老师,来到了与他家相距四十多公里的那所新学校。

此时,正是中午时分,六月中午的太阳不说毒至少也是辣。学校还在建造当中,还是一个工地。校舍、剧场、餐厅、宿舍上的脚手架还没最后拆尽,这里有那里无,显得十分零乱。一堆又一堆的建筑垃圾,一处又一处的建筑材料,横七竖八,还有星罗棋布般的窨井眼,都没有加盖,像是深不可测的"地道",很考验人的注意力。

见周老师来了,杭校长很自然地去搀扶他,但被周老师拒绝了:"不用,我又没有老到要人搀着。"周老师抹了把被晒出来的汗水,笑道:

"你免费让我浏览这个大观园式的学校,让我激动得想扶你哩!"

回到工地办公室,我们都有点累了,但周老师的热情依然高涨。他高兴地说:"这个学校的地理位置,特别是建筑规模以及建筑品位,是我之前没有看到过的。这里,完全可以成为上虞乃至江浙沪儿童文学教育研究会的总部。"接下来,周老师讲了许多理由,历数了上虞儿童文学教育史上的众多名家,从陈鹤琴讲到夏丏尊,又从白马湖作家群讲到金近。我们傻傻地听着,周老师突然又点我的名了:"何夏寿,成立上虞儿童文学教育研究会,这是你的历史担当,是你的应尽之职。你要推诿了时代交给你的任务,让上虞这么好的儿童文学教育资源崩盘了,你就是时代的渎职犯!"

我知道周老师除了自己不老,也一直不让人老。这绝不是我一个人的体会,凡是与周老师相处过的人,大多能感同身受。

"您说得当然是对的,可是——"我停了停,望着周老师有点凝重的脸色,含蓄地说,"我现在还担任着一所学校的校长呢!"

"这有什么矛盾?你既做校长,又做儿童文学教育研究会会长。"周老师灿烂地一笑,"这叫作舞动校长和会长工作的双节棍!"

周老师说得时髦、有趣,我们都笑了。周老师也笑了,风趣但不无当真地说:"不过,我不是个周扒皮,不剥削你们的自由,更不剥削你们的选择。我只是一个打酱油的,按照现在流行的说法,是个任性的打酱油主义者!"

打酱油的,都如此赤胆忠心,我还有什么好说的呢?我被周老师鼓足了气,像战士出征前面对首长立军令状一样,向周老师许下了创办上虞儿童文学教育研究会的承诺,周老师这才高兴地和我们去食堂吃午饭。

饭刚吃到一半，我的另一个朋友，也是周老师的学生，打来电话，问我一些教学琐事。我提到了周老师就在上虞，他喜出望外，说是正在做一个乡土作文的课题，能否让周老师过去指导。我说，都是下午了，天又这么热，周老师已经累了大半天，下次吧。那朋友也说是。

挂了电话，周老师问我是什么事，我如实说了。周老师一听，脱口而出："那就一会儿过去，都已经在上虞了。"

我和杭校长都坚持说太累。周老师有点不高兴地说："哎呀，你们真是的，有什么累的，是车子开过去的，又不是我走路过去。"见我还在犹豫，周老师命令似的："何夏寿，你打电话过去，我们两点钟出发去他学校。"

我只好照办。想想距离两点还有一个小时，我们匆匆扒完了饭，把周老师送到工地上的一个小办公室里，开好空调，让他能静静地休息一会儿。周老师没有推辞。我们退出了房间，也趁机到隔壁小睡了一会儿。

两点一到，我们推门进去，惊讶地发现，周老师根本没有休息，他正趴在办公桌上写东西。见是我们，他站了起来："两点到了，是吗？"说完，将一叠纸交到杭校长的手里，"这是我根据你的要求，给你们设计的学校文化计划。"

我凑过去一看，是关于杭校长新建学校的校风、校训、校联以及各教学楼、辅助楼的楼舍命名之类的。周老师的钢笔字，稳健干练，飘逸刚劲，略略有点向左倾斜，像是湖边一排排斜斜的杨柳，也像空中一行行翱翔的燕子，富于生命的斗志和活力。

这一天，差不多是下午六点钟的样子，我才把周老师送到家。告别的时候，望着周老师在晚风中飘动的白发，我忽然觉得，周老师的白发，其实并不代表生命的衰老，甚至也不是白发，而是高扬在他生命航船上的风帆。

写到这儿，我觉得也应该像周老师写论文做报告那样，写一个有点概括性的句子，既尝试着为周老师的年轻人生解个密，也为自己的拙文结个尾。

耳边忽然响起一首《革命人永远是年轻》的老歌，我就光明正大地"借用"一下他人的劳动成果，将那歌名转换成：周老师，语文人永远是年轻！

"何夏寿，你是个特级教师。特级教师这个头衔不是退休制的，而是终身制的。于私于公，你都应该终身从教。"

——《语文乐》